D1932080

Dieter Bürgin
(Herausgeber)

Beziehungskrisen in der Adoleszenz

Mit Beiträgen von M. Berger, W. Bettschart, B. Buddeberg-Fischer, D. Bürgin, Ch. Dare, M. und E. Laufer und R. Lempp

Verlag Hans Huber
Bern Stuttgart Toronto

CIP-Kurztitelaufnahme der Deutschen Bibliothek

Beziehungskrisen in der Adoleszenz: diagnost. u. psychotherapeut. Aspekte / Dieter Bürgin (Hrsg.). Mit Beitr. von M. Berger ... - Bern; Stuttgart; Toronto: Huber, 1988
ISBN 3-456-81619-7
NE: Bürgin, Dieter [Hrsg.]; Berger, Margarete [Mitverf.]

1. Auflage 1988
© 1988 Verlag Hans Huber, Bern
Satz und Druck: Lang Druck AG, Bern-Liebefeld
Printed in Switzerland

Inhaltsverzeichnis

Anschriften der Verfasser

Prof. Dr. med. Margarete Berger, Oberärztin der Abteilung für Kinder- und Jugendpsychiatrie der Universität, Hauptstrasse 5, D-7800 Freiburg i.Br.

Prof. Dr. Walter Bettschart, Médecin-directeur, Service Universitaire de Psychiatrie de l'Enfant et de l'Adolescent, Avenue de la Chablière 5, 1004 Lausanne

Dr. med. Barbara Buddeberg-Fischer, Spezialärztin für Kinder- und Jugendpsychiatrie und Psychotherapie, Kluseggstrasse 13, 8032 Zürich

Prof. Dr. Dieter Bürgin: Psychiatrische Universitätspoliklinik für Kinder und Jugendliche, Schaffhauserrheinweg 55, 4058 Basel

Christopher Dare, MB, MRCP, MRC Psych., Consultant Child Psychiatrist, The Royal Bethlem and Maudsley Hospital, Denmark Hill, London, SE5 8AZ, England

M. Eglé Laufer, Centre for Research into Adolescent Breakdown and Brent Consultation Centre, Johnston House, 51 Winchester Avenue, London NW6 7TT, England

Moses Laufer, Ph.D., Director of the Centre for Research into Adolescent Breakdown and Brent Consultation Centre, Johnston House, 51 Winchester Avenue, London NW6 7TT, England

Prof. Dr. Reinhart Lempp, Ärztlicher Direktor der Abteilung für Kinder- und Jugendpsychiatrie der Universität Tübingen, Osianderstrasse 14, D-7400 Tübingen

Vorwort des Herausgebers

Im vorliegenden Buch sind Beiträge zusammengestellt, die an zwei Symposien über dieses Thema im Herbst 1986 in Basel vorgetragen wurden. Relevante Aspekte, die in den Fragen und Antworten der Diskussionen zu Tage getreten waren, wurden in die entsprechenden «Einleitungen» integriert. Natürlich konnten weder an den beiden Symposien noch in diesem Buch sämtliche Aspekte von Beziehungskrisen in der Adoleszenz diagnostisch und therapeutisch beleuchtet werden. Nicht eine erschöpfende Bearbeitung des Themas war das Ziel, sondern vielmehr eine Darstellung vielfältiger, klinischer und theoretischer Probleme aus der Sicht psychodynamisch sehr erfahrener Autoren.

Der Einfachheit halber wurde in den Texten einer durchgehenden Verwendung des Maskulinums der Vorzug gegeben, da ein Wechsel des Geschlechts von Kapitel zu Kapitel zwar fair, aber verwirrend gewesen wäre und die Doppelschreibung bei jedem Substantiv, das einen weiblichen oder männlichen Jugendlichen bezeichnet, das Lesen sehr mühsam gemacht hätte. Wo also z.B. «Adoleszenter, Jugendlicher, Patient, Analytiker oder Therapeut» steht, ist immer auch die entsprechende weibliche Person in genau gleichem Ausmass gemeint. Die Beiträge richten sich natürlicherweise ebenso an Leserinnen wie an Leser.

Frau M. Ryser und auch Frau S. Afflerbach, welche die aufwendige Textbearbeitung übernommen haben, Frau Dr. A. Leicher, die den Text sorgfältig auf Korrekturen durchsah, sowie dem Verlag Hans Huber, der mit der Publikationsbereitschaft sein Interesse an der bearbeiteten Problematik bekundete, sei ein sehr herzlicher Dank ausgesprochen.

Basel, im Oktober 1987 *Dieter Bürgin*

Krise als ursprünglicher Ausdruck eines Beziehungsnotstandes in der Adoleszenz

Dieter Bürgin

> «Eine Medizin, die radikal auf ihrem Pakt mit dem Lebenswillen bestünde, müsste heute das wissenschaftliche Kernstück einer generellen Überlebenstheorie werden.»
> (Sloterdijk, P., pag. 499)

Zum Kontext:

Der Jugendliche findet sich heute, wie wir alle, in einem gesellschaftlichen Kontext, der neue *historische Realitäten* umfasst und durch eine *Vielzahl von Widersprüchen* sozialer, familiärer und psychischer Art gekennzeichnet ist, die nicht zu lösen sind, mit denen er leben lernen muss (Herzka, H., 1984). «Man muss das Individuell-psychische mindestens ebenso sehr von der Kultur her begreifen, wie diese ihrerseits vom Psychischen her.» (Sloterdijk, P. pag. 738). Die Zukunftsperspektiven sind bis zur *globalen Bedrohung* verändert, und das Bedrohliche kennt keine territorialen Grenzen mehr. Ein nuklearer Krieg, bei welchem es keinen Sieger mehr geben kann, ist durch die Präsenz von -zig Tausend Atomsprengköpfen nicht mehr als Phantasie abzutun. Radioaktive Verseuchung, Vergiftung von Luft, Erde, Wasser und Nahrung sind nach Tschernobyl, Schweizerhalle und angesicht eines zunehmenden Absterbens der Bäume nur noch mit dem Kraftakt extremer Verleugnung als von Menschen geschaffene Damoklesschwerter aus dem Bewusstsein fernzuhalten. Die plötzliche Präsenz einer mit sexuellen Kontakten eng verbundenen Seuche wie AIDS und die Tatsache einer enormen Bevölkerungszunahme auf der Erde (über 5 Milliarden Menschen), die trotz der Möglichkeiten, Sexualität und Fortpflanzung voneinander zu trennen, aufgetreten ist, erzeugen Angst und verdüstern Gedanken, welche sich auf die Zukunft richten - auf welche Adoleszente, ihrer Entwicklung entsprechend, ausgerichtet sein müssen. Der enorme technische Fortschritt schliesslich ist den ethischen Prinzipien und der Rechtsprechung wie davongelaufen. Technik, eigentlich von Menschen für Menschen geschaffen, entwickelt eine Eigengesetzlichkeit, die sich um zwischenmenschliche Bedürfnisse nicht mehr kümmert. Sie ist gegenüber den Überlebensbedürfnissen des Menschen gleichgültig, also bedrohlich, wenn sie sich verselbständigt. Die genannten bedrohlichen Aspekte in der Aussenwelt, die mit dem Begriff Zukunft verbunden sind, fügen sich additiv zu der Projektion bedrohlicher Selbstanteile in die Zukunft hinzu - einem von Jugendlichen häufig verwendeten Abwehrmechanismus - und werden zu einer Bürde, die vielfach ein Ausweichen in eine hoffnungslos-verzweifelte Überbesetzung der Gegenwart, welche notfalls Wegwerfcharakter bekommt, nach sich zieht.

Zur Gewalt:

Gesetzlich integrierte, d.h. tolerierte Gewalt separiert sich zunehmend von einer gesetzlich nicht integrierten, nicht tolerierten. Unsere Gesellschaft bietet den Jugendlichen, ausser doppelbödigen Zynismen, wenig Vorbilder und Modelle, um die unvermeidlichen Konflikte nicht destruktiv zu lösen, besonders wenn Jugendliche marginalisiert und damit gedemütigt werden. Terrorisierender Spass, Anerkennung in der Gruppe der Gleichaltrigen und Befreiungsversuche aus den Zwängen und dem Unbehagen, die mit Kultur und Zivilisation verbunden sind, liefern Jugendlichen Anreize für Gewalttätigkeit. (Saner, H., 1987). Das Opfer, gesellschaftlich und individuell gesehen, ist oft nicht der Verursacher einer erlittenen Gewalt. Aber Rache am Substitut ist ethisch unvertretbar. (Boszormenyi-Nagy, I., 1986 II). Die Förderung der Fähigkeit und des Mutes zu einem Widersprechen, das mit dem Unterbreiten von Alternativen verkoppelt ist, zu kritischem Hinterfragen und zu sozialen Lernprozessen im Sinne von mehr Solidarität als Kompetition, könnte für Adoleszente einen ersten Schritt zur Integration und Veränderung zugleich darstellen, denn «Leben ist zu gefährlich, um es zu leben, immerhin aber auch zu kostbar, um es wegzuwerfen.» (Sloterdijk, P., pag. 632).

Gestörte Entwicklung der Balance im dialogischen Austausch:

Jegliche Triebaktivität eines Individuums schafft soziale Bezogenheit. Das Triebobjekt ist anfänglich allerdings nur als angelegtes Muster vorhanden und muss erst durch die «reale» Erfahrung gefunden und damit erschaffen werden (Winnicott, D., 1974). Bereits das frühe Geben und Nehmen, das zirkulär in anhaltendem dialogischem Austausch erfolgt (Bürgin, D., 1987), hinterlässt bei jedem Individuum prototypisch-normierte Gedächtnisspuren über die emotionale Qualität, Quantität und Ausbalanciertheit dieses Vorganges. Werden zum Beispiel Grundbedürfnisse des Säuglings oder Kleinkindes, die sich auf die pflegende Person als Objekt richten, nur um den Preis befriedigt, dass das Kind vor allem die Bedürfnisse der Mutter zufriedenstellt, so kann sich in der Innenwelt des Kindes, entsprechend dem Gesetz der Vergeltung mit Gleichem, das ein grundlegendes Prinzip archaischer psychischer Vorgänge ist (Bürgin, D., 1978), und in Identifikation mit dem Aggressor, unbewusst ein Gefühl entwickeln, ein Anrecht auf Rache zu haben. Wenn das Gleichgewicht, wegen einer Beeinträchtigung der Entwicklung des Selbst durch die Umwelt, zu einseitig, d.h. unfair ausgebildet wird, bleibt eine Art Rechnung offen.

Entwicklung einer «goldenen Waage»:

Säugling bzw. Kleinkind und Mutter sind beide zugleich Gebende und Nehmende. Es entwickelt sich bei diesen Austauschvorgängen so etwas wie ein *affektives Wägesystem*, dessen Eichung unbewusst tradiert wird. Die Eichstrukturen der Mutter werden vom Kind entweder direkt oder, umgepolt wie ein photographisches Negativ, identifikatorisch übernommen und anhand seiner Triebbedürfnisse phantasmatisch modifiziert. Beim Aufbau der für die Besetzung der Objektrepräsentanzen des Säuglings nötigen Illusion (Winnicott, D., 1974) kann angenommen werden, dass bei *beiden* Beziehungspartnern in zunehmender Weise ein Gefühl für eine ausgewogene Balance zwischen Geben und Nehmen, also ein Richtwert für eine interpersonale emotionale Gegenseitigkeit, entwickelt worden ist. Die Schritte der im Verlaufe der weiteren Separations- und Individuationsentwicklung unumgänglichen *Desillusionierung* beim Heraustreten des Objektes aus dem Bannkreis der Omnipotenz des Säuglings bzw. Kleinkindes und seiner aufkeimenden Eigenständigkeit (vom Selbstobjekt zum getrennten, «realen» Objekt) schaffen bei Mutter und Kind Ungleichgewichte, die sich in den zahllosen Momenten des täglichen Austausches stets von neuem einpendeln müssen.

Zur Entwicklung des «falschen Selbst»:

Hat ein Individuum die Fähigkeit erworben, sich um die Bedürfnisse des Anderen zu sorgen («capacity to concern»: Winnicott, D., 1974; «depressive Position»: Klein, M., 1972), so wird jeder Triebimpuls, der sich auf ein Objekt bezieht, die Befindlichkeit und die Wünsche von diesem mitberücksichtigen müssen oder sie z.B. durch Verdrängung aktiv zu eliminieren versuchen. Geschieht das nicht, kommt es zu *Übergriffen* des Einen in den autonomen Bereich des Anderen. Wird vom Kind, als Folge solcher Übergriffe, zur Abwehr und zum Schutz, ein «falsches Selbst» (Winnicott, D., 1974) aufgebaut, das sich den Übergriffen weitgehend anpasst und unterwirft, so stellt dieser Ablauf gegenüber dem Kernselbst einen sehr aggressiven, weil tief einschneidenden Akt dar, der zwar Schlimmeres verhütet und das Objekt vor Vergeltung schützt, die eigene Person aber zentral angreift und oft ein verstecktes Gefühl hinterlässt, ein Anrecht zu haben, den Anderen attackieren zu dürfen. Findet die Verzichtleistung auf einen solchen Angriff wenigstens die Anerkennung durch das Objekt, so gibt dies eine gewisse Genugtuung und reduziert das Gefühl, racheberechtigt zu sein.

Austauschvorgänge in der Adoleszenz:

In der *Adoleszenz* werden solche Vorstellungsinhalte oft erstmals bewusst und aussprechbar, damit (mit-)teilbar und auf diese Weise im virtuellen Raum der zwischenmenschlichen Beziehung für den Anderen wahrnehmbar. Sie können nun eine Würdigung, Anerkennung, Modifikation oder Zurückweisung erfahren. Stets aber beginnt sich durch die Äusserung (im eigentlichen Wortsinne) ein unabgegrenztes, intrapsychisches Vorstellungssystem zu differenzieren, was einen Austausch der emotionalen Beziehungsvorgänge auf anderem Niveau erlaubt als bisher. Es ist Raum geschaffen worden für autonome, sich selbst definierende Abgrenzung in der Bezogenheit, die individuierte Entwicklung kann voranschreiten. Denn je mehr Eigenständigkeit herrscht, desto mehr gibt es Austausch und gleichzeitig Stimulation durch das Anderssein und Beglückung im Gleichsein des Anderen, mit welchem sich das Selbst nun nicht mehr fusionär vermischt.

Neukalibrierung im Dialog des Gebens und Nehmens:

Die Umgestaltung der Beziehungen zu den bedeutungsvollen Anderen, insbesondere zu den Eltern, aber auch zu den Geschwistern und Gleichaltrigen, ist nicht nur mit einer Neuumschreibung der Selbst- und Objektrepräsentanzen und ihrer Beziehungen zueinander, sondern auch mit einem Um- und Neubau des aktuellen Wertesystems im Über-Ich verknüpft. Von früher Kindheit an hat der Adoleszente ein Gefühl für einen angemessen ausgeglichenen Austausch, ein Wäge- und Äquivalenzsystem für emotional-dialogisches Geben und Nehmen entwickelt. Es fusst, wie bereits erwähnt, auf dem Gesetz der Lex Talionis, ist entsprechend dem kulturellen Hintergrund des Adoleszenten weiterentwickelt, durch soziale und historische Momente wie auch durch Triebwünsche und durch persönliche Erfahrungen mit den Primärobjekten ergänzt und nimmt die Form eines teils bewussten, teils unbewussten ethischen Kodex an. Als Bezugssystem für soziale Beziehungen umfasst es z.B. gerechtfertigte Ansprüche, Verpflichtungen und Vorstellungen über Fairness im sozialen Kontext. In der Adoleszenz kommt es zu einem Neutarieren der Verteilung und der Gleichgewichte von erworbenen Verdiensten und Ansprüchen in den Beziehungen zu den Primärobjekten und deren Familienmitgliedern. Es erfolgt somit eine Art Abgleich von den verschiedenen intrasubjektiven «Wechselkursen» der Kindheit zu den mehr interpersonellen des Erwachsenen.

Psychopathologische Lösungen:

Gleichgewichte von Anrechten und Verpflichtungen sind als intrapsychische Vorstellungen individuell und altersmässig unterschiedlich und stellen dennoch wesentliche Regulationsfaktoren von Beziehungen und sozialen Systemen dar. Ein Säugling hat ein angeborenes Anrecht auf Pflege, Ernährung, Stimulation und Zuwendung, da er anders nicht überleben kann. Das Gefühl, ein Anrecht auf persönliche Autonomie zu haben, steigt bei anhaltendem Bedürfnis danach bis zum Erwachsensein an. Eltern und Kinder beanspruchen mutuelle Loyalität, ebenso Gruppen, Institutionen, Nationen etc. Eingespannt in ein unbewusstes Netz wechselseitiger Verpflichtungen, Verdienste und Erwartungen stehen die Mitglieder einer Familie in einem Feld transgenerationaler Empfindungen von Loyalität, Rückerstattungspflichtigkeit oder Racheberechtigung, da jedes in der Vergangenheit, in ihm angemessen oder unangemessen scheinender Art, von den Vorfahren «bekommen» hat. Je mehr eine Gewissheit entstanden ist, emotional ausgebeutet worden zu sein oder das einem, im Vergleich zum Weggegebenen, Zustehende nicht oder zu wenig bekommen zu haben, desto grösser der Grimm des Betrogen-worden-Sein's, desto ausgeprägter das Gefühl, zu destruktiver Vergeltung berechtigt zu sein, sei diese nun, als «passage à l'acte» nach aussen, auf reale Objekte bzw. auf Substitute gerichtet oder erstrecke sie sich, um das Objekt zu schützen, auf das Selbst oder den eigenen Körper. Anstatt eines Entwicklungsfortschritts in der Adoleszenz manifestiert sich dann das Gegenteil. Es kann sich eine fehlende Einfühlung in die Affekte und Bedürfnisse Anderer bis zur Kindsmisshandlung oder ein intrusiv-ausbeuterisches Verhalten einem eigenen Kind gegenüber manifestieren, wenn der Jugendliche vorzeitig Vater oder Mutter wird. Das Opfer wird zum Täter, der im Wiederholungszwang neue Opfer schafft. Oder es kommt zu *krisenhaften Entwicklungszusam-*

menbrüchen mit Symptombildungen wie Suizidversuchen, psychosomatischen Krankheiten wie z.B. Anorexia oder Bulimia nervosa, psychotischen Regressionen kürzerer oder längerer Art, depressiven Selbstattacken, autodestruktivem Verhalten, Gewalttätigkeit, deliktischem Agieren, perversen Konfliktlösungen oder Süchten. (Boszormenyi-Nagy, I., 1986 I). Verschiebungen aggressiv-destruktiver Impulse und Projektionsinhalte aus der vorangegangenen in die nachfolgende Generation kommt hierbei eine zentrale Bedeutung zu. Der Wunsch, an den eigenen Kindern gut zu machen, was gegenüber den eigenen Eltern nicht mehr möglich ist, bzw. die psychische Weitergabe des Guten, das erhalten wurde, ist fast immer bewusst. Dennoch wird auch hierdurch das Kind parentifiziert, d.h. zum Substitut für die Elterseltern, und so in seiner Eigenständigkeit übergangen. Die Weitergabe dessen, was als negatives Erbe betrachtet wird, wird meist zu verhindern versucht, folgt aber oft, obwohl (oder gerade weil?) bewusst unterdrückt und zu verhindern versucht, hinter dem Paravent der Verdrängung den gleichen projektiven Wegen und verunmöglicht dem Adoleszenten, infolge ihrer Zweideutigkeit, die emotionale Orientierung.

Veränderungshilfen:

In der *Wiederherstellung von zuverlässigen und vertrauenswürdigen zwischenmenschlichen Beziehungen* liegen Quellen von Heilungskräften. Das *analytische Setting* z.B. schafft Voraussetzungen für den Vertrauensaufbau durch die Regelmässigkeit von fast täglichen Sitzungen sowie durch das möglichst vorurteilslos-zugewandte Hören und Verstehen des Analytikers (mittels des sogenannten dritten Ohres) und eröffnet dadurch den Raum für die Entwicklung der Übertragung. Deren Durcharbeiten vertieft, in den Wechselbewegungen der Beziehung von Konfliktualisierung und Dekonfliktualisierung, das Vertrauen und bringt die geschilderten Vorstellungs- und Phantasieinhalte als hautnah erlebte emotionale Realität in die therapeutische Beziehung ein, wo im Verlaufe des analytischen Prozesses die kleinschrittige Desillusionierung erfolgt. In der übrigen Beziehungswelt des Adoleszenten wird, durch die in der Analyse erfolgte Klärung, eine Neuausbalancierung emotionaler Verschuldungs- und Verdienstvorstellungen besser möglich. Das Ich – von ballastartigen Bindungen entlastet und das Es als Lebensgrund auch für genussvolle Beziehungen zu Anderen anerkennend – kann nun, mit dem frischen Wind adoleszenter Triebkräfte, ungehindert neue entwicklungsangemessene Verpflichtungen, in fairer Berücksichtigung der Situation und der Bedürfnisse des Anderen, lustvoll eingehen.

Im *familientherapeutischen Kontext* werden die in der interpersonalen Realität notwendigerweise vorhandenen *Interessenskonflikte* zwischen den aus der jeweiligen intrapsychischen Welt stammenden Vorstellungen von wechselseitigen Ansprüchen, Anrechten, Schuldigkeiten und Verdiensten, anhand der dort ablaufenden intrafamiliären Übertragungsbeziehungen, zwischen den einzelnen Familienmitgliedern direkt klärbar. Interessenskonflikte (Boszormenyi-Nagy, I., 1986 I) zwischen zwei oder mehreren Personen sind, durch die Asymmetrie der Art von Geben und Nehmen, zwischen den Generationen inhärent vorhanden. Aber auch nur bereits die Tatsachen und Umstände von länger dauernden Beziehungen enthalten, wegen der unterschiedlichen Trieb- und Bedürfniskonstellationen der Beteiligten,

Stoff für Interessenskonflikte. (Zum Beispiel haben die Kinder bei vielen Scheidungen den Wunsch und das Bedürfnis, die ursprüngliche Familie zusammenzuhalten und damit die Kontinuität zu sichern; die Eltern hingegen wünschen getrennte Wege zu gehen und äussern damit ein Interesse für Diskontinuität.) Die Motivationskraft der im Beziehungskontext erworbenen, gegenseitig gewürdigten und anerkannten Verdienste und Berechtigungsansprüche reduziert die Neigung zu unbewussten, destruktiven Racheakten gegenüber den realen Objekten, den Objektrepräsentanzen, der Selbstrepräsentanz oder dem Körper. Es können Vermächtniserwartungen aus der Vergangenheit reflektiert werden und damit auch die nicht hinterfragte Weitergabe unlegierter, archaischer Destruktivität vermindern, besonders, wenn die bisher vorhandenen familiären oder gesellschaftlichen Strukturen desintegrativ wirken und den Kontinuität unterbindenden Einflüssen nicht mehr etwas Genügendes entgegensetzen können.

Psychotherapeutische Arbeit in der Gegenwart nährt sich aus den Vorräten der Vergangenheit, die durch nachträgliche seelische Bearbeitung modifiziert werden, arbeitet mit den Mitteln der Gegenwartsbeziehungen und ist auf die Zukunft, sowohl des Individuums, der Familie wie auch der Gesellschaft, ausgerichtet, – dies ganz besonders bei Beziehungskrisen in der Umwandlungsphase der Adoleszenz und angesichts der globalen Bedrohungssituation.

Beziehungsanalytische Arbeit mit wechselndem Fokus:

Bei nicht wenigen Jugendlichen, die wegen Beziehungskrisen und anderen seelischen Schwierigkeiten den Jugendpsychiater aufsuchen oder deswegen zu ihm geschickt werden, besteht zwar eine Behandlungsbedürftigkeit, aber aus den verschiedensten Gründen oft keine Motivation für eine psychoanalytische Psychotherapie oder eine Psychoanalyse. In nicht wenigen Fällen lässt sich auch nicht mit der gesamten Familie im Sinne einer eigentlichen Familientherapie arbeiten, da entweder der Jugendliche oder die Eltern bzw. die Geschwister ein regelmässiges Engagement nicht eingehen wollen oder können. In solchen Fällen ist es, mangels besserer therapeutischer Möglichkeiten, zu verantworten, den Jugendlichen oder die Mitglieder der Familie «on demand» zu sehen, wie Winnicott (1974) dies bezüglich Kindern beschrieben hat. Es entsteht so allerdings keine tragende therapeutische Beziehung mit Ausbildung einer Übertragungsneurose. Dennoch kann gezielt und punktuell beziehungsanalytisch vorgegangen werden, was im Folgenden anhand eines *Fallbeispiels* erläutert werden soll:

Peter ist ein 16-jähriger, athletisch gebauter Jugendlicher, der vom Gastroenterologen wegen schwerer funktioneller Darmbeschwerden zugewiesen wird, die seit dem 1. Tag, den er in der Adoptivfamilie verbrachte, bestehen und deretwegen er unzählige Konsultationen beim Kinderarzt hatte. Er lebt seit dem 4. Lebensjahr bei seinen Adoptiveltern, nachdem er im 3. Lebensjahr seine Mutter verloren hat, verwaist ist und 1 Jahr in sehr ungünstigen Pflegeverhältnissen verbracht hat. Bis zum 12. Lebensjahr litt er unter schweren Schlafstörungen und an Enuresis nocturna et diurna und hat Probleme sowie seelische Spannungen stets physisch zum Ausdruck gebracht. Seit einem Jahr sei er in seinem Verhalten völlig verändert, für die Adoptiveltern kaum mehr erträglich, mache ihnen nur noch Vorwürfe und suche Kontakt zu gewalttätigen Jugendlichenbanden. Peter hat eine rund 1 Jahr jüngere

Adoptivschwester. (Auf die Adoptionsproblematik wird im folgenden aus thematischen und aus Platzgründen nur am Rande eingegangen, obgleich sie für den therapeutischen Prozess natürlich ausserordentlich bedeutungsvoll war.)

Peter nimmt im *ersten Gespräch* schnell einen warmherzigen und zugleich distanzierten Kontakt zu mir auf. Er habe *noch nie in seinem Leben Appetit gehabt*, erklärt er auf meine Frage, was ihn zum Gastroenterologen geführt habe. Zudem sei er wie immer satt, esse nur, weil man müsse. *«Dort, wo normale Menschen Hunger haben, habe ich Bauchweh»*. Selbstverschuldet sei er jetzt aus der Schule hinausgeworfen worden. Er möge nicht mehr zur Schule gehen, habe einfach genug von allem. Ja, er gehöre im übrigen zu einer Rockergruppe, weil er gerne viel Bier trinke und dreinschlage. Jetzt verstummt Peter, der auf mich nicht grob gewalttätig wirkt, und ich soll, wie er vorschlägt, Fragen stellen. So erkundige ich mich nach seinen leiblichen Eltern. Er kenne sie nicht, verschwende auch keinen einzigen Gedanken daran, könne sich überhaupt *nicht mehr an die Zeit vor dem 6. Lebensjahr erinnern*. Auf die Frage, welche Beziehungen ihm wichtig seien, meint er, Mädchen würden ihn schon ein bisschen interessieren, er habe aber *keinerlei sexuelle Bedürfnisse, habe auch noch keine Pollution gehabt und onaniere nicht.* (Beim Sprechen über seine Sexualität wirkt er auf mich sehr unecht, so dass ich diesem Teil seiner Aussagen nur wenig Glauben schenken kann.) Nur mit seiner Schwester komme er gut aus. Die Mutter sei hysterisch, der Vater habe kein Verständnis, er selbst habe *bis jetzt immer geheuchelt*. Seit kurzem aber sage er, was er denke. Das gebe jeweils Streit, denn die Mutter lehne Gewalt, der Vater Nacktheit ab. Bei lautem Streit *laufe* er dann jeweils einfach *davon*. Vor kurzem habe er ein Mofa *geklaut*, es zerlegt, die Bestandteile verkauft und das Geld verflippert. Selbst Geld verdienen dürfe er von den Eltern her nicht. Kurz, er *suche ein «anderes Milieu»*. Hier, am Schluss unseres Gesprächs, mache ich meine erste Intervention und sage, vielleicht sei das «andere Milieu», das er suche, auch seine Vergangenheit, an die er sich ja nicht erinnern könne oder sein Hunger, an dessen Stelle er ja (Bauch-)Weh habe. Peter quittiert meine Worte mit zögernder Nachdenklichkeit. Nach einigem Hin- und Herüberlegen entschliesst er sich, für *ein* weiteres oder allenfalls höchstens ein paar weitere Gespräche zu kommen, falls das unbedingt notwendig sein sollte.

Es ist erstaunlich, wieviel Peter mit recht wenig Worten sagt. Er kann ein zentrales Bedürfnis (Hunger) nicht wahrnehmen, es fehlt. An dessen Stelle steht somatischer Schmerz (Bauchweh). Der Schmerz wehrt also den Hunger ab und weist gleichzeitig auf ihn hin. Was wäre, wenn dort kein körperlicher Schmerz vorhanden wäre? Bedürftigkeit, Hilflosigkeit oder wütende Attacke? Obwohl zweifellos intelligent und strebsam, hat er ein Schulversagen erlebt, – ein weiteres Bedürfnis ist wie abgeschnitten, nicht mehr spürbar (Überdruss), fehlend. Die Rockergruppe ermöglichte mit ihrem Verhaltenskodex mindestens Zweifaches: eine radikale Absetzung vom Wertsystem der Adoptiveltern und einen Selbstheilungsversuch: Peter ist gleichsam autark, kann sich selbst zu trinken verschaffen und überdeckt möglicherweise manisch-rauschhaft sehr elende Gefühle. Mit dem Dreinschlagen könnte er versuchen, eine aggressive Attacke nach aussen zu wenden, statt sie auf den eigenen Körper zu zentrieren (Bauchweh).

Nach einem ersten Stück Aktivität sagt Peter mit seinem Verstummen, jetzt sei ich dran. Ich erlebe diesen Turnuswechsel keinesfalls als Widerstand, sondern als zwar passiv geäusserten, aber fairen Wunsch, er wolle nun auch mich ein bisschen kennenlernen. Er geht hierbei ein gewisses Risiko ein, denn ich könnte ja «dumme» Fragen stellen. So setzt er, in Beantwortung meiner Frage, die *Reihe des Fehlenden* fort: keine Gedanken an leibliche Eltern (aktive Vermeidung), keine frühen Erinnerungen (Verdrängung). Bezüglich Sexualität, die er von sich aus als Thema einführt, wird er unoffen-heuchlerisch, streicht sie, fast schon absichtlich, wie völlig weg. Er zeichnet so von sich das Bild eines, ausgenommen die manifeste Aggressivität, fast gänzlich triebkastrierten Menschen, wirkt aber völlig anders.

Die Beziehung zu den Adoptiveltern ist krisenhaft gespannt, einzig diejenige zu seiner Adoptivschwester bildet eine Ausnahme (weil sie gleichaltrig ist? Oder weil sie, als adoptiertes Kind, einfach auch nur ein Mädchen ist?). Sowohl aggressive wie libidinöse Impulse würden von den Adoptiveltern abgelehnt. Das Davonlaufen von Peter scheint sowohl Aspekte der Vermeidung wie auch solche des Schutzes der Adoptiveltern vor einem möglichen Gewaltausbruch zu enthalten. Einzig im Klauen kommt ein oraler Wunsch, ein Habenwollen in deliktischem Agieren, zum Durchbruch.

Es scheint, als sei Peter ein Jugendlicher, der seit früher Kindheit versucht habe, massive Rage über frühe Verluste und Traumatisierungen erst durch Triebunterdrückung, dann durch autokastrative Handlungen und schliesslich durch Ausagieren im sozialen Feld (nach den Gesetzen einer Subkulturgruppe und in der Schule) zu meistern, so, als trüge er ein Gefühl in sich, infolge erlittener Verletzungen jetzt endlich ermächtigt zu sein, Rache nehmen zu dürfen, und als genügten seine Adoptiveltern nicht mehr, um ihm zu helfen, die Vergeltungswünsche in sich zu bewahren und sie dadurch anders zu verarbeiten.

Das *zweite Gespräch* mit Peter findet einige Wochen später statt. Er möchte von seinen Adoptiveltern «in Ruhe gelassen» werden. Die Adoptivmutter sage immer dasselbe, habe überhaupt völlig andere Gedanken als er, sei altmodisch, eben eine Generation älter. Ich erwidere, vielleicht möchte er ja auch hier bei mir in Ruhe gelassen werden, da auch ich eine Generation älter als er sei. Peter meint, er komme zur Konsultation, weil die Adoptiveltern es so wollten und damit es keinen Streit gäbe. Bauchweh sei das einzige, was ihn interessiere. Ohne dieses wäre er nicht gekommen. Er möchte herausfinden, warum er immer Bauchweh habe, wisse aber nicht wie. Er hätte es am liebsten einfach weg, wie Kopfweh mit einer Pille. Ich frage ihn, welche Erwartungen er an mich habe, worauf Peter meint, vielleicht könnte ich ihm den Grund für seine Bauchschmerzen sagen. Ich möchte nun von ihm wissen, wann er sich glücklich fühle. Er überlegt und sagt dann, wenn er nicht zu Hause sei. Meinem Erstaunen Ausdruck gebend, dass er auf der einen Seite seinen Adoptiveltern doch zweifellos viel verdanke, andererseits sich aber mit ihnen zusammen nicht wohl fühle, erkläre ich schliesslich, ich wüsste auch nicht recht, wie ich die Gründe für seine Bauchschmerzen herausfinden sollte. Peter fällt schnell ein, allein könne er es nicht, sonst hätte er es schon getan, aber vielleicht gehe es mit jemandem zusammen. Er könne sich zwar nicht erinnern, je die Erfahrung gemacht zu haben, dass Sprechen etwas nütze. Ob er sich an Träume erinnere, will ich nun wissen, was er verneint. Oder ob er denke, dass etwas in Gesprächen mit den Eltern zu verbessern oder zu lösen wäre? Peter sagt, das ginge wohl überhaupt nicht, denn er würde sich dabei nur aufregen, dann etwas zerschlagen oder zerstören oder einfach davonlaufen. «Wenn mir etwas in den Weg kommt, was mir nicht passt, so mache ich es kaputt. Ich kann mich jetzt zwar manchmal durchaus auch schon beherrschen.» Ich mache ihn darauf aufmerksam, diese Aussage habe für meine Ohren getönt wie die schreckliche Verzweiflungswut eines kleinen Kindes. Ob er wohl an solche Erlebnisbereiche herankommen wolle? Peter: «Vielleicht schon ... doch ja.» Und er fährt fort: «Wenn das, was ich zerstören will, keinen Widerstand leistet, macht es mir keinen Spass, beispielsweise, wenn es nur eine Kiste ist. Ein Kasten ist schon besser, denn als ich kürzlich auf die Türe meines Kastens losboxte, da fiel der auseinander. Was aber mich eigentlich so wütend macht, das weiss ich gar nicht.» Da frage ich Peter, mögliche symbolische Bedeutungen des Kastens tunlich auslassend, was geschähe, wenn er nicht davonlaufen und nichts zerstören würde, worauf mich Peter mit einem höhnischen Unterton darauf aufmerksam macht, dass er dann seine Adoptiveltern so heftig anschreien müsste, dass diese das nicht ertragen könnten. Ich: «Einen Gegenstand zerstören heisst also auch, die Adoptiveltern schonen?» Peter: «Ja, gewiss.» Ich: «Kaputt machen gibt Lust und ein Gefühl von Stärke, aber nötigt dich auch, zu Menschen, die du gerne hast, eine grössere Distanz einzunehmen?» Peter: «Wenn es Streit zwischen den Adoptiveltern und mir gäbe, so würde ich mich nur darüber ärgern, dass diese so etwas auszulösen vermöchten.» Ich: «Wissen denn deine Adoptiveltern, was dich verletzt?» Peter: «Das weiss ich nicht, mich verletzt aber ziemlich viel, äh . . ., ich meinte, ziemlich wenig.» Ich: «Was mag dieses «Versprechen» wohl heissen?» Peter: «Es heisst ganz einfach, dass ich mich meistens schon beherrschen kann.» Wir sprechen am Schluss der Sitzung, als Peter mir erklärt, er wolle für sich keinesfalls eine Therapie, noch darüber, wie schwierig es für ihn wäre, sich in eine therapeutische Beziehung einzulassen, da dort notwendigerweise früher oder später diese unsägliche Wut des kleinen Kindes wieder lebendig werden würde. Beim Hinausgehen bittet mich Peter, ich möge doch ein Gespräch mit seiner Schwester vereinbaren, die habe es nämlich auch nicht leicht.

Überwiesen vom Gastroenterologen für's erste Gespräch, deklariert sich Peter nach meiner Intervention, welche den narzisstischen Rückzug anpeilte, als von den Adoptiveltern geschickt, dann von seinen psychosomatischen Symptomen getrieben, die er so gerne magisch eliminiert oder dann von mir omnipotent geklärt hätte. Die nächste Intervention meinerseits anerkennt, dass er die Adoptiveltern, in deren Schuld er steht, verschont, und deklariert meine Unfähigkeit, als Hellseher zu wirken. Hierauf macht Peter ein zaghaftes Angebot von gemeinsamer Arbeit an irgend jemanden, das zur Sicherung auch gleich mit der Erklärung einer wahrscheinlichen Unnützlichkeit verbunden wird. Ein Objekt zu besetzen, scheint ausserordentlich gefährlich, wegen der dann einfliessenden Destruktivität, und zwar sowohl in der Zweier- wie in der Familienbeziehung. Die einzige Möglichkeit, um den Übergang in einen «passage à l'acte» zu vermeiden, scheint das Davonlaufen zu sein. Die archaische, der Elimination von Störendem dienende Destruktivität blitzt aber kurz auf. Sie könnte Verschiedenes ausdrücken, z.B. das nach aussen gewandte Äquivalent einer anaklitischen Depression, ein Weitergeben übernommener, zerstörerischer Projektionen, die ungebändigten, sich dem Gesetz des (nicht vorhanden gewesenen) Vaters zu entziehen versuchenden, anal narzisstischen Aggressionen, ein Vergeltungs- oder Racheanspruch für erlittene, nicht mehr erinnerbare Verletzungen oder eine unbewusste Identifikation mit dem leiblichen Vater, der in einem Bürgerkrieg als Soldat gekämpft hatte. Peter beruhigt mich vorwegnehmend, wenn er meint, er könne sich schon beherrschen. Er sucht den Widerstand, etwas, was die Neigung des Angegriffenen, in Stücke zu zerfallen (Kasten), aufhalten könnte. Auf der phantasmatischen Ebene ist seine Zerstörungskraft (anschreien) so gross, dass sie, gegen Menschen (die Adoptiveltern) gerichtet, für diese unerträglich wäre.

Ich anerkenne mit meiner Intervention den Lustgewinn und die Funktion solch grandioser Heftigkeit für die Aufrechterhaltung eines auf andere Weise offenbar nicht genügend stabilisierbaren Selbstgefühls, weise aber auch auf den defensiven Preis hin, der dafür entrichtet werden muss (Distanznahme vom Objekt). Peters Angst vor Machtlosigkeit und Abhängigkeit ist offensichtlich, und er vermag mittels einer Fehlleistung seine extreme Verletzlichkeit einzugestehen. Als ich sein Dilemma verstehe, Hilfe zu brauchen, durch eine Inanspruchnahme von Hilfe aber gerade in höchste Gefährdung zu geraten, bricht seine Sorge um die Schwester durch. Man könnte, oberflächlich betrachtet, natürlich auch annehmen, er entziehe sich und stelle mir, gleichsam als Substitut, die Schwester zur Verfügung. Der emotionale Gehalt in der Art aber, in der Peter sein Anliegen vorbrachte, war für mich so völlig anders, dass ich diesen manchmal doch nicht beherrschten und dann real gewalttätigen Jugendlichen in dem Moment weitgehend als fürsorglichen Bruder erlebte.

Den *weiteren Verlauf* fasse ich aus Platzgründen nur kurz zusammen:

In einem Zeitraum von 2½ Jahren fanden, je nach Bedürfnis der jeweiligen Familienmitglieder, insgesamt 7 Sitzungen mit allen Familienmitgliedern, 12 Gespräche mit den Adoptiveltern, je eines mit dem Adoptivvater und der Mutter alleine, 3 mit Peter und seiner Schwester zusammen und je 2 mit Peter oder seiner Schwester allein statt. Peter verlor nach etwa einem Jahr, nachdem noch einige krisenhafte Episoden (Davonlaufen, Unfälle) abgelaufen waren, sämtliche Symptome physischer und psychischer Art. Die Mutter, eine hochdifferenzierte, sehr streng erzogene Frau, erwies sich als schmerzmittelabhängig und migräneanfällig, erlitt zwei seelische Zusammenbrüche und realisierte, wieviel von ihren Wünschen und Impulsen sie bei sich unterdrückt, aus der Beziehung zu ihrem Mann ferngehalten und auf Peter projiziert hatte. Sie entschloss sich zu einer eigenen Psychotherapie, die sie bei einem Kollegen nach zwei Jahren mit Erfolg abschliessen konnte. Der Vater, ein in sich gekehrter Akademiker, nahm wahr, wie sehr er seine Frau und seine Adoptivkinder emotional alleine gelassen hatte. Von seiner Herkunftsfamilie nie anerkannt, hatte er sich in eine intellektuelle Privatwelt geflüchtet und seinen Adoptivsohn wie einen stets unzufriedenen, gefährlichen eigenen Elternteil erlebt. Nunmehr gelang es ihm, seine eigene Adoleszenz endlich selbst abzuschliessen, für seine aggressiven Impulse und seine Wut Worte zu finden (intermittierend litt nun *er* unter Bauchschmerzen), gegenüber Peter zu seinen eigenen Werten zu stehen und ihm auch Grenzen zu setzen. Peters Adoptivschwester klärte die bisher übernahe Beziehung zwischen den Adoptivgeschwistern und begann, abgekoppelt von Peter, ihrer eigenen Adoleszenzentwicklung nachzugehen.

Die Unterbrechung der transgenerationalen Weitergabe unerwünschter, projektiv abgewehrter, d.h. auf andere verschobener Selbstanteile erlaubte eine Verminderung polarer Verteilungen von Emotionen in der Familie, ein partielles Durcharbeiten der Wunde der Kinderlosigkeit der Eltern, eine Reduktion ihres übermässigen Wunsches, zu geben, die Anerkennung durch alle Familienmitglieder einer Existenz von leiblichen Kindseltern, die niemand kannte, ohne Schmälerung der Verdienste der Adoptiveltern, einen Separations- und Individuationsprozess auf phantasmatischer Ebene und das Schaffen von Entwicklungsraum, der in erster Linie von den beiden Adoleszenten genutzt werden konnte. Das Auftauchen und Austauschen von Erinnerungen zwischen den Adoptivgeschwistern an frühkindliche, traumatisierende Situationen aus der Zeit vor der Adoption wäre ohne diesen «Spielraum» (Bürgin, D., 1987) nicht möglich gewesen. Ebenso nicht die nachfolgende Episode: Zum zweiten und letzten der beiden Einzelgespräche mit Peter, rund ein Jahr vor dem Abschluss der gesamten Behandlung, war Peter erst nicht gekommen, so dass ich ihm einen weiteren Termin anbot. Er konnte mir in jener Sitzung dann mitteilen, dass er zuvor Angst gehabt habe, auf mich loszuschlagen, da ich bezüglich einer Kleinigkeit nicht mit ihm einig gewesen sei. Er brauche den Vater, um ihn hassen und zerstören zu können und dennoch sicher zu sein, dass dieser unzerstörbar sei [«Vaterhunger»: Herzog, J., 1980]). Früher, wenn Peter einen Wunsch verspürt habe, so sei fast gleichzeitig ein Widerwille aufgetaucht, so dass der Wunsch wie abgestorben sei. Jetzt lebten die Wünsche weiter und der Widerwille sei schwach geworden.

Peter und alle übrigen Familienmitglieder hatten, trotz nicht unbeträchtlicher Konflikte, noch zahlreiche Ich-Funktionen, deren sekundäre Autonomie von den Konfliktbereichen nicht infiltriert war. Diese Ressourcen ermöglichten, nachdem die Adoptiveltern den nötigen Entwicklungsraum hatten schaffen können, den Gebrauch der Fähigkeit zur Selbstorganisation des inneren Bedeutungsgefüges und damit psychophysische Veränderung.

Narzisstische Schwierigkeiten:

Die Veränderung des infantilen intrapsychischen und interpersonalen Bedeutungssystems, die aufgrund der körperlichen Entwicklung des Jugendlichen eintritt, stellt u.a. auch das narzisstische Regulationssystem, das für die affektive Einstellung eines Menschen zu sich selbst verantwortlich ist, auf eine harte Probe. Die megalomane Überbesetzung des Selbst, für die Umwelt oft ein Ärgernis, hat vielfach die Aufgabe, einer auseinanderfallenden intrapsychischen Kohärenz entgegen zu wirken, und ist somit oft unumgänglich für den Adoleszenten, damit dieser sich wieder auf die Aussenwelt einlassen kann (Erdheim, M., 1984). Die Omnipotenzphantasien verschärfen fast immer den Generationenkonflikt und führen beim Jugendlichen, im Versuch, sie zu realisieren, zu Kränkungen. Fanden frühkindlich im Erleben eines Menschen traumatische Zurückweisungen durch das Objekt statt, das dem Kind gegenüber zumeist selbst destruktiv-narzisstisch eingestellt war, und kam es somit zum Zusammenbruch der für die Entwicklung unverzichtbaren gegenseitigen Idealisierung zwischen Mutter und Kind, so wird der Jugendliche die Entwicklung einer positiven Abhängigkeit (z.B. vom Verstehen des Therapeuten) abwehren und seinen destruktiven Narzissmus verstärken (z.B. in Form einer Abspaltung des echten Selbst oder einer manischen Abwehr), möglicherweise indem er Gewalttätigkeit und Zerstörungsfähigkeit idealisiert. Es besteht die Gefahr einer negativen therapeutischen Reaktion, wenn im Setting der Therapie auf diese Problematik nicht Rücksicht genommen wird.

Die Schmerzlichkeit von Veränderung:

Der Jugendliche ist darauf angewiesen, dass sein Ringen um Veränderung bei den verschiedenen Entwicklungsschritten durch persönliche Konfrontation Realität bekommt. Obwohl er oft gar nicht verstanden werden will, braucht er hierzu Hilfeleistung durch diejenigen, welche diesen Übergang von der Kindheit zum Erwachsensein mit all den damit verbundenen Sonnen- und Schattenseiten bereits vollzogen haben. Die Erwachsenen werden durch diese paradoxe Herausforderung in ihrer oft mühsam erworbenen Stabilität in Frage gestellt. Die Auseinandersetzung um eine breitere Basis für die Verankerung der Lebendigkeit ist für alle Beteiligten schmerzlich, da Bestehendes oft tiefgreifend verändert werden muss. Die Zurücknahme ausgestossener Selbstanteile z.B. (mit denen sich der Jugendliche unbewusst identifizierte) wird von den Eltern zumeist wie eine unerhörte, ihnen auferlegte Zumutung empfunden. Für diesen Vorgang einer fairen Wiederherstellung der Eigenständigkeit des Jugendlichen durch Bewahrung abspaltungsträchtiger Teile in ihrer eigenen Person brauchen Eltern oft eine therapeutische Unterstützung.

Zur Funktion des Beziehungsanalytikers:

Auch der Therapeut, als nicht intrusiver, präsenter, emotional zur Verfügung stehender Erwachsener, erfüllt in erster Linie die Funktion eines Behälters, der das, was mittels projektiver Identifikation in ihn hineinverlegt worden ist, benennt, sich wegen des zeitweiligen omnipotenten Triumphs des Adoleszenten nicht rächt, die

Entwertung oder die Idealisierung, die sich auf ihn bezieht, aber mehr den inneren Vorgängen des Adoleszenten als seiner eigenen Person entspricht, mit Gelassenheit ein Stück weit zulässt und sich trotz dieser Bewahrungsfunktion seine Authentizität erhält (Henny, R., 1984). Er ist vielfach eine Art Übergangsobjekt für den Adoleszenten und steht dann zwischen Innen- und Aussenwelt, zwischen Eigenständigkeit und Abhängigkeit, zwischen Lebendigkeit und Abgetötetem. Es gehört zu den Hauptaufgaben des Therapeuten für Jugendliche, nicht in die Falle zu laufen, an Elternstatt oder sogar in Rivalität mit diesen «helfen» oder sich ergebene Schüler schaffen zu wollen, sondern im Reflektieren der emotionalen Bewegungen, welche sich in der therapeutischen Beziehung abspielen, seiner analysierenden und damit zugleich synthetisierenden Aufgabe nachzugehen und die Bescheidenheit zu bewahren, die Kunst des Möglichen zu üben.

Literatur

Boszormenyi-Nagy, I.: (I): Contextual therapy and the unity of therapies. In: Sugerman, S. (Ed.): The interface of individual and family therapy (the family therapy collections). Aspen Rockville, 1986.

- (II): Transgenerational solidarity: the expanding context of therapy and prevention. Am. J. family therapy 14/3, 195–212, 1986.

Bürgin, D.: Das Kind, die lebensbedrohliche Krankheit und der Tod. H. Huber, Bern, 1978.

- Entwicklungsstörungen in der Adoleszenz. Zentralblatt für Jugendrecht, 73. Jhrg., Nr. 4, 128–133, 1986.
- Der diagnostisch-therapeutische Dialog mit dem Kind/Jugendlichen. Hexagon Roche, 1987 (in press).
- Die Bedeutung der affektiven Austauschvorgänge für den Aufbau des Selbst in der Kindheit. In: Rauchfleisch, U. (Hrsg.): Allmacht und Ohnmacht, pag. 40–51. H. Huber, Bern, 1987.

Erdheim, M.: Jugend und kulturelle Entwicklung. Schweiz. Arch. Neurol. Neurochir. Psychiat. 134/2, 189–194, 1984.

Henny, R.: La psychothérapie des Adolescents. Schweiz. Arch. Neurol. Neurochir. Psychiat. 134/2, 267–274, 1984.

Herzka, H.S.: Jugendbewegungen und Pubertät. Schweiz. Arch. Neurol. Neurochir. Psychiat. 134/2, 241–249, 1984.

Herzog, J.: Sleep disturbance and father hunger in 18–28 month old boys: the Erlkönig Syndrome. Psychoanal. Study Child 34, 219–233, 1980.

Klein, M.: Das Seelenleben des Kleinkindes. Rowohlt, Hamburg, RoRoRo, 1972.

Saner, H.: Gewalt von Jugendlichen: den Knoten lösen helfen. Basler Zeitung 156, pag. 3, 8.7.1987.

Sloterdijk, P.: Kritik der zynischen Vernunft, Bd II, Suhrkamp, Frankfurt, 1983.

Winnicott, D.: Ich-Verzerrung in Form des wahren und des falschen Selbst.

- Die Entwicklung der Fähigkeit zu Besorgnis. In: Winnicott D.: Reifungsprozesse und fördernde Umwelt. Kindler, München, 1974.

Einleitung zum Beitrag von M. Berger

D. Bürgin

Die körperliche Fähigkeit, ein Kind zu zeugen oder es auszutragen, ist eng verbunden mit einer Neustrukturierung der intrapsychischen sexuellen Erlebnis- und der interpersonalen Handlungsmuster. Die Erfüllung der Sehnsucht, zu den «Grossen» zu gehören, bedarf der Trauer um die Kindheit als Voraussetzung. Die veränderte Beziehung zum eigenen Körper muss die Gewissheit einschliessen, dass der sexuell reif gewordene Körper dem Adoleszenten selbst gehört und dass er auch für ihn sowie für die Fähigkeit zur Generativität die Verantwortung übernehmen kann. Adoleszente als Menschen, die in einem physischen, psychischen und sozialen Wandlungsprozess stehen, finden sich in einem gesellschaftlichen System, das sich selbst in mehr oder weniger starkem Wandel bzw. Beständigkeit befindet. Sie sind also der Möglichkeit eines doppelt krisenhaften Geschehens ausgesetzt. Der Antrieb, Gesellschaft und Kultur zu verändern, ist im Menschen wahrscheinlich ebenso angelegt wie der, sie zu bewahren. Die Verstärkung der Triebimpulse und der Umbau des Wertesystems im Über-Ich während der Adoleszenz enden oft in einer Kollision mit den sozialen Gegebenheiten und in einer Erschütterung des individuellen, familiären und sozialen Realitätsverständnisses. «Kalte» Kulturen (M. Erdheim, 1984, in Anlehnung an Lévi-Strauss), welche den sozialen Wandel möglichst stark bremsen und bei denen sich die Zukunft nicht grundsätzlich von der Vergangenheit unterscheiden soll, haben zur Bewältigung der Adoleszenz die Initiation als Übergangsritual eingeführt. «Heisse» Kulturen, welche den sozialen Wandel fördern, tendieren darauf, die Adoleszenz als Lebensphase zu verlängern und unterstützen dadurch innovative Haltungen. Die westlichen Industrienationen dürften eher zur zweiten Kategorie gehören, allerdings mit weitgehendem Zerfall familiärer Strukturen (z.B. sehr hohe Rate der Scheidungen, der Zahl von Alleinerziehenden und der (Jugend-) Arbeitslosigkeit). Auch die nicht geringe Zahl von Jugendlichen, welche schwanger werden, gehört in diesem Zusammenhang genannt. Schwangerschaft in der Adoleszenz ist wegen des im allgemeinen damit verbundenen Schulabbruchs und der verminderten Chance einer psychosozialen Autonomieentwicklung und Integration ein Risikofaktor bezüglich der persönlichen und sozialen Entwicklungsprognose. Schwangerschaft in der Frühadoleszenz kann als Symptomäquivalent einer adoleszenten Entwicklungsstörung bezeichnet werden.

Kinderwunschphantasien haben bei beiden Geschlechtern eine lange Vorgeschichte. Sie betonen viel mehr die Verbindung der Eltern und Kindern zueinander als deren Trennung. Im Verlaufe der Entwicklung nehmen sie üblicherweise einen mehr oder weniger geschlechtsspezifischen Verlauf, verfallen später der Kindheitsamnesie und erfahren in der Adoleszenz eine definitive Umgestaltung. Sublimiert und elternunabhängig geworden, bilden sie eine Quelle künstlerischer Betätigung bei beiden Geschlechtern. Kinderwunschphantasien werden in der Adoleszenz vor allem dann in Handlungen umgesetzt, wenn die ursprünglichen Phantasieinhalte im traumatischen Kontext einer erheblich gestörten Beziehung zwischen den Kindseltern entstanden sind, die für die Adoleszenz notwendige Ablösung von den Primärobjekten vermieden wurde und statt dessen regressiv-inzestuöse Bedürfnisse und narzisstische Verschmelzungswünsche befriedigt werden sollen, – allerdings um den Preis, dass dann keine Entwicklung von elterlicher Kompetenz mehr stattfinden kann.

Margarete Berger beschreibt in ihrem Beitrag die psychoanalytischen und sozialpsychiatrischen Erfahrungen, die sie aus diagnostischen und therapeutischen Gesprächen mit Müttern gewonnen hat. Diese wurden im Alter von 13 bis 18 Jahren schwanger, trugen ihr Kind aus und wurden zu einem späteren Zeitpunkt, im Zusammenhang mit einer kinderpsychiatrischen Untersuchung ihrer eigenen Kinder, für eines oder mehrere Gespräche gesehen. Die Teenager-Mütter, nach ihrer Persönlichkeitsstruktur und Geschichte einteilbar in drei Gruppen («Harlow-Mütter, Lieblingstöchter des Vaters, schwarze Schafe») und praktisch ausnahmslos schwer neurotische Persönlichkeiten oder politraumatisierte Menschen mit ausgeprägten Beziehungsstörungen, blieben Gefangene ihrer Kindheit, versuchten Entwicklungsschritte zu überspringen, ohne psychisch zu wachsen, und erreichten in ihrer intrapsychischen Entwicklung, statt einer mühselig erworbenen Autonomie, nur die regressiv-identifikatorische Wiedervereinigung mit der eigenen Mutter. Ihre Kinder, welche Trennungsangst, Ohnmacht und narzisstische Verletzlichkeit in ihrer Person verkörperten, in Beziehungsverhältnissen lebten, die einer Kette von Provisorien glich und sich nur wenig Klarheit über den Generationenzusammenhang verschaffen konnten, stellten für ihre adoleszenten Mütter oft nur so etwas wie ein untauglicher Ersatzteil dar und dienten manchmal auch als Substitute oder Geschenke, welche die adoleszenten Mütter ihren eigenen Müttern gaben, im Versuch, sich von diesen zu trennen.

Obwohl es für adoleszente Mütter nicht wenig Sozialberatungsstellen gibt, ist die therapeutische Betreuung von Teenager-Mutter und Kind vielfach noch im Argen. Sie sollte wenn möglich bereits in der Schwangerschaft beginnen. Die Namensfindung und -gebung z.B. ist, wenn das Geschlecht des Kindes im zweiten Trimenon mittels Ultraschall bereits bestimmt werden kann, ein sehr wesentlicher Schritt, da das noch nicht geborene Kind mit seinem Namen für die werdende Mutter bereits zu einer eigenen Person werden kann. Obwohl die Motivation für eine Therapie bei den jugendlichen Müttern oft nicht gross ist, da ein tiefer Schreck darüber besteht, als Mutter versagt zu haben, und kein Wunsch vorhanden ist, die eigene Kindheit aufzuarbeiten, sollte aus präventiven Gründen so oft wie möglich der Versuch einer langjährigen psychotherapeutischen Unterstützung der schwangeren Adoleszenten und ihrer Kinder unternommen werden, mit dem Ziel, die Mütter auf die Signale der Kinder zu sensibilisieren und die Unterscheidung von realem und phantasiertem Kind zu fördern. Die Analytikerin steht bei diesem Unternehmen aber stets in Gefahr, in der Übertragung von den Müttern als besser funktionierende Ersatzmutter oder als jemand, der ihnen das Kind rauben will, erlebt zu werden. Wenn therapeutische Hilfe angenommen wird, kann die Geburt aber zu einer Ressource werden, die mächtig genug ist, um Veränderungen und Beziehungsentwicklungen intrapsychischer und intrafamiliärer Art in Gang zu bringen.

Literatur

Erdheim, M.: Jugend und kulturelle Entwicklung. Schweizer Archiv für Neurologie, Neurochirurgie und Psychiatrie 134/2, 189–194, 1984.

Das verstörte Kind mit seiner Puppe. Zur Schwangerschaft in der frühen Adoleszenz[1]

Margarete Berger

Das Kind der Sünde - Gegenstand der Forschung?

Die jüngeren ausländischen Untersuchungen zur Schwangerschaft junger Adoleszentinnen unter achtzehn Jahren in den Industrieländern stimmen darin überein, dass es sich hierbei vor allem in psychischer, aber auch in somatischer Hinsicht um eine Risikogruppe handelt (Black et al., 1985, Carlson et al., 1984, Deschamps, 1980, Fraiberg, 1982, Landy et al., 1983, Merz, 1979, Alson et al., 1984, Pajot, 1984, Roosa, 1984, Silber, 1980, Simkins, 1984, u.a.). In den USA werden jährlich mehr als eine Million Teenager schwanger, d.h. ein Fünftel der jährlich geborenen Kinder haben Teenagermütter; bei 32% der legalen Abtreibungen handelt es sich um minderjährig Schwangere. In Frankreich haben wenigstens 7% der jährlich geborenen Kinder minderjährige Mütter. In der Bundesrepublik Deutschland hat sich die Geburtenziffer bei Minderjährigen zwischen 1950 und 1970 verdoppelt und ist danach deutlich abgesunken; 1984 werden nur noch halb so viele Kinder von minderjährigen Müttern geboren wie 1950 (statistisches Jahrbuch 1986). Die Angaben über jährliche Abtreibungen schwanken zwischen zehntausend (Kuhn, 1986) und dreissigtausend (Cyran, 1986).

Trotz hoher Abtreibungsrate werden angeblich, zumindest in den USA, mehr Kinder geboren als abgetrieben und dann sehr selten zur Adoption frei gegeben. Die betreffenden Adoleszentinnen stammen vorwiegend aus der Unterschicht und sind nicht unverhältnismässig häufig geistig retardiert, praktizieren jedoch einen unbedachten Konzeptionsschutz - teils schlecht informiert, teils aber auch zureichend. Für die USA wird die Diskrepanz zwischen scheinbarer gesellschaftlicher Enttabuisierung der Sexualität und unzureichender sexueller Aufklärung in den Schulen betont. In den USA ist die Schwangerschaft auch häufigster Anlass für den Schulabbruch junger Mädchen, die nach dem ersten Kind kaum mehr eine Chance zur sozialen Integration haben; die Hälfte des Sozialfonds für Familienhilfe entfällt auf Familien, in denen die Mutter als Teenager schwanger wurde (Black et al., 1985). Aber es ist nicht nur die junge Mutter, die nach der Geburt des Kindes keine psychosoziale Autonomie erreicht (Scheitern der Berufsausbildung, Scheitern konstanter Beziehungen, Neigung zur Multiparität). Auch die Kinder der jungen Mütter haben eine schlechte Entwicklungs- und Sozialprognose (zu gegenteiliger Ansicht kommt die methodisch unzureichende Untersuchung von Kinard et al., 1984). In der Literatur werden die psychischen und somatischen Komplikationsmöglichkeiten der Abtreibung betont, insbesondere aber die erhöhten somatopsychischen Gefahren für die junge Mutter und ihr Kind (Schwangerschaftstoxikose, Frühgeburt, perinatale Schädigungen, höhere Mortalitätsrate der Neugeborenenen und später häufig Miss-

1 Erschienen in: Praxis der Kinderpsychologie und Kinderpsychiatrie 3/1987; Abdruck erfolgt mit freundlicher Genehmigung des Verlags Vandenhoek & Ruprecht.

handlung, Vernachlässigung und sexueller Missbrauch des Kindes). Die Versorgung bzw. Verwaltung der minderjährigen Mutter und ihres Kindes fällt in allen Ländern in den Zuständigkeitsbereich der Jugend- und Sozialämter. Bemühungen um eine psychosoziale Betreuung des Mutter-Kind-Paares (z.B. Landy et al., 1983) zeigen, dass es offenbar jahrelanger therapeutischer Anstrengungen bedarf, um der adoleszenten Mutter zu einer psychischen Nachreifung zu verhelfen, die eine förderliche Beziehung zwischen Mutter und Kind einschliesst (siehe auch Fraiberg, 1982). Vergleichbare sozialtherapeutische Erfahrungsberichte fehlen in der Bundesrepublik. Die Weiterentwicklung medizinischer, materieller und sozialtechnischer Lösungswege stehen in einem ausgesprochenen Missverhältnis zum Verständnis der affektiven Probleme, die mit dem Phänomen der Frühschwangerschaft verbunden sind.

Dieses Missverhältnis hat eine jahrhundertealte Tradition. Die illegitime Schwangerschaft wurde als soziales Delikt behandelt (ausgenommen: der «Lebensborn»). In Verbindung mit dieser gesellschaftlichen Stigmatisierung stehen Ächtung, Bestrafung und vitale Bedrohung der jungen Schwangeren und Mutter wie des Kindes (vgl. de Mausse, 1982, Sartre, 1982, Scherpner, 1966, Silber, 1980, Weber-Kellermann, 1976, 102f.). Die Geschichte dieser Sanktionen ist zugleich die des Verhältnisses von Patriarchat zum illegitimen Kind und seiner Mutter (siehe: Die Vertreibung der Hagar, Genesis, Kap. 16 u.21).

Die des Familienschutzes beraubte junge Schwangere wurde zum Objekt der Richter – und der Dichter. Goethe z.B., der als Kind und junger Mann die Hinrichtungen zweier Kindesmörderinnen erlebt hat, liess keinen Zweifel an Gretchens Jammer – aber auch keinen daran, dass ihr Elend letztlich im faustischen Lebensentwurf des Mannes eine tragische Episode bleibt. Eine Episode allerdings, zu der der Dichter exemplarisch die psychologische Dimension einer weiblichen Adoleszentenkrise aufzeigt. Der Kliniker ersieht aus Gretchens Biographie wiederkehrende innere und äussere Bedingungen, wie sie für das Zustandekommen der adoleszenten Schwangerschaft bezeichnend sind: einem kleinen, vaterlosen Mädchen droht im Zusammenhang mit der Geburt des Schwesterchens auch der Tod der Mutter. Dieses traumatische Ereignis wird bewältigt, indem Gretchen das Schwesterchen zu ihrem Kind macht. In der frühen Adoleszenz verbleibt Gretchen, erneut von einem Trennungsereignis betroffen – der Bruder ist Soldat – eng an die «akkurate» Mutter gebunden. Der adoleszente Ablösungsversuch Gretchens, d.h. die Trennung von der Mutter, die schon einmal gedroht hatte, mündet jetzt in der Katastrophe. Wie traumwandelnd inszeniert Gretchen den vernichtenden Aspekt der traumatischen infantilen Erfahrung. Es kommt – als Folge früher Verlassenheits- und Verlustdrohung – zum Durchbruch destruktiver Anteile gegenüber der Mutter und dem Neugeborenen. Faust, der Kindesvater, wird bedeutungslos.

Nur zögernd hat sich die gesellschaftliche Auffassung und dementsprechend das psychologische Interesse für die Frühschwangerschaft gewandelt. Noch 1960 schreibt Stutte, der Nestor der deutschen Kinderpsychiatrie: «Bemerkenswert bleibt, dass eine unerwartet günstige soziale Entwicklung häufiger bei männlichen unehelichen als bei weiblichen ist, da bei diesen die mit grosser Regelmässigkeit von den Eltern weitervererbte sexuelle Haltlosigkeit den Lebenserfolg ernster gefährdet als bei jenen.» (1959) Indessen hatte Peter Blos in verschiedenen Arbeiten (1957, 1964, 1965) psychodynamische Vorstellungen zum Zustandekommen der Schwangerschaft in der frühen Adoleszenz entwickelt, die vor allem Aspekte der gestörten präödipalen bzw. ödipalen Objektbeziehung der Adoleszentin zur Mutter umfassen. Es setzte sich die Erkenntnis durch, dass die Schwangerschaft in der frühen Adoleszenz als Symptomäquivalent einer verschiedenartig differenzierbaren adoleszenten Entwicklungsstörung verstanden werden muss. Vom Konzept der «vererbten sexuellen Haltlosigkeit» distanziert, verwendet Blos gleichwohl den Ausdruck von der «Delinquenz» des Mädchens (1964) und signalisiert damit mögliche Straffälligkeit. Neben Blos haben frühere und spätere Arbeiten, vorwiegend von Seiten psychoanalytischer Autoren, das psychodynamische Verständnis zum Zustandekommen der frühen Schwangerschaft und der Schwierigkeiten adoleszenter Bemutterungsfähigkeit erweitert (Deutsch, 1959, Chasseguet-Smirgel, 1975, 1984, Fraiberg, 1982, Merz, 1979, Olson et al., 1984, Pajot, 1984, Scott, 1983, Spitz, 1976, u.a.), und zwar in Verbindung mit entwicklungstheoretischen Hypothesen zu infantilen und erwachsenen Kinderwunschphantasien, die eine Erweiterung der Freud'schen Annahme enthalten (Jacobson, 1936, 1950, Jagenow et al., 1984, Kestenberg, 1975, Möller-Gambaroff, 1984, Sichtermann, 1980, Wyatt, 1967, 1975), sowie mit einem wachsenden Interesse für den spezifisch weiblichen Entwicklungs- und auch Schwangerschaftsprozess (Bibring, 1961, Greenacre, 1950, Jacobson, 1936, Kestenberg, 1956, 1977, Heigl-Evers et al., 1985) und zahlreichen Arbeiten zum Verlauf der Adoleszentenkrise (u.a. Blos. 1973, Jacobson, 1973, Wiesse, 1983). Im Ergebnis weisen die psychodynamischen Überlegungen zum Zustandekommen der Schwangerschaft in der frühen Adoleszenz verkürzt formuliert darauf hin, dass auf Grund früher Beziehungsbeeinträchtigung zu den Primärobjekten der adoleszente Ablösungs- und Trauerprozess misslingt und die Schwangerschaft als ein agierender, regressiv getönter Versuch zu verstehen ist, sowohl die auf den Vater gerichteten inzestuösen Wünsche wie besonders die Wünsche nach der narzisstischen Union mit der Mutter miteinander in Einklang zu bringen. Bezeichnend für das Zustandekommen der Schwangerschaft sind verschiedentliche aktuelle Trennungserfahrungen, Unvermögen zu einer stabilen, lustvollen heterosexuellen Beziehung und die Tatsache, dass die junge Mutter das reale Kind wie ein Phantasiekind erlebt und behandelt.

Klinische Daten

Der Kinder- und Jugendpsychiater kommt auf Grund verschiedener Umstände in Kontakt mit der minderjährig Schwangeren und Mutter: Indikationsbeurteilung zur Abtreibung, Beurteilung der Sorgerechtsfähigkeit sehr junger Mütter, Diagnostik und Behandlung von Kindern ehemaliger Teenager-Mütter. Mein persönliches Interesse für die letzte Gruppe steht im Zusammenhang mit subjektiven und objektiven Erfahrungen zum Schwangerschaftsabbruch Minderjähriger (Berger, 1984). Die folgenden Daten betreffen Mütter kinderpsychiatrischer Patienten des Jahres 1984, die bei Geburt dieser Kinder dreizehn bis achtzehn Jahre alt waren. Wie die Nachuntersuchung zurückliegender Jahrgänge und die des Jahres 1985 zeigt, umfasst der Anteil dieser Kinder 6 bis 8% unserer jährlichen Patienten. Die erhaltenen Daten entstammen z.T. einmaligen Interviews mit den betreffenden Müttern oder auch längerfristigen therapeutischen Kontakten.

Die Kinder

Vorweg einige Stichworte zu den teils ambulant, teils stationär behandelten Kindern. Bemerkenswert ist die verschiedenartige Kombination aktuell verantwortlicher Bezugspersonen bzw. Institutionen, die ihre Vorstellung in der Klinik veranlassten (nach der Reihenfolge der Häufigkeit geordnet: alleinstehende leibliche Mutter, leibliche Eltern, leiblicher Vater mit Stiefmutter, leibliche Mutter mit Stief-, Adoptiv- oder Grossvater, Pflegemutter, Grossmutter ms.; zwei Jugendliche kommen aus eigener Initiative), denn sie wirft ein bezeichnendes Licht auf die Diskontinuität der kindlichen Lebensverhältnisse. Bis zum Untersuchungszeitpunkt hatten alle Kinder mindestens drei bis vier verschiedene Bezugspersonen-Stationen durchlebt. Da der Vorstellungsanlass, abgesehen von den symptomatischen Auffälligkeiten der Kinder, überwiegend im Zusammenhang mit neuerlichen Trennungsvorhaben seitens der leiblichen oder sozialen Eltern steht, kommt es häufig wiederum zu einem Wechsel des Beziehungsmilieus; derzeit leben 45% der Kinder im Alter zwischen drei und sechzehn Jahren (Altersgipfel bei den Knaben 9 Jahre, bei den Mädchen dreizehn Jahre; Geschlechterverhältnis Knaben–Mädchen: 3:1) im Heim. 17% der Kinder kennen die leibliche Mutter nicht bzw. sind desinformiert über ihre Identität, 58% der Kinder wissen nichts über den leiblichen Vater. Die wesentlichen pathogenen Entwicklungsfaktoren für die Kinder sind folgende:

1. die wiederholte Annullierung bestehender Beziehungsverhältnisse (Eltern, Geschwister) – vor allem bedingt durch immer neue, scheiternde Versuche der Mütter, zu einer stabilen Familienformation zu finden – und ein dadurch entstandenes Beziehungs- und Identitätsvakuum, verbunden mit einer erheblichen Verwirrung und Desorientierung über den Generationszusammenhang. Drastisch in die mütterliche Identitätsproblematik einbezogen, stellt sich das Leben der Kinder wie eine Kette von Provisorien dar, die als Symbol der mütterlichen Ambivalenz verstanden werden kann. So kommt es z.B. dazu, dass ein junges Mädchen im Alter von dreizehn Jahren nach dem Suizid der leiblichen Mutter von dem ihr völlig fremden leiblichen Vater und einer Stiefmutter aufgenommen wird, nachdem sie vorher teils mit, teils ohne Mutter sieben verschiedene Unterbringungskonstellationen erlebt hat. Ein Jahr später erscheint die Jugendliche allein in unserer Ambulanz, weil sie abtreiben will.
2. Verwirrung über den Generationszusammenhang und mangelnde Abgrenzungsfähigkeit auch auf Seiten der Mütter und der Serie von Stief-, Adoptiv- und Gross-Vätern. Insbesondere die Knaben werden von der Mutter sehr früh unbewusst zum jüngeren Bruder oder zum heterosexuellen Partnersubstitut funktionalisiert; einmal bis hin zum manifesten Inzest – gleichzeitig zwischen der Mutter und dem Sohn und diesem Sohn mit seinem derzeitigen Stiefvater. Bereits bzw. ganz besonders in der frühen Kindheit der Kinder kommt es zu massiven Misshandlungen (bis 7% der betreffenden Patienten) durch die junge Mutter und auch ihren jeweiligen Gefährten.

Körperlich sind alle Kinder gesund.

Die Mütter

Die ehemals unter achtzehn Jahre alten Mütter kommen zu einem Drittel aus Handwerker- und Bauernfamilien, zu zwei Dritteln waren die Eltern Arbeiter oder Sozialhilfeempfänger. Der heutige Sozialstatus der Mütter ist noch schlechter; nur 16% haben eine abgeschlossene Berufsausbildung.

Zur Struktur der mütterlichen Herkunftsfamilie ergibt sich folgendes Bild: 40% der jungen Mütter waren spätestens seit der Kleinkindzeit fremduntergebracht und verschiedenen Bezugspersonenwechseln ausgesetzt; bei 52% dieser Kinder verstarb die Mutter nach der Geburt oder noch vor dem dritten Lebensjahr. Auf Grund der desolaten Kindheitsumstände dieser Mütter ergibt sich, dass der Entwicklungsgang bis zur Adoleszenz infolge kumulativer Traumatisierung mit Sicherheit beeinträchtigt war. Der Anteil minderjähriger Mütter unserer Patienten, die von klein auf ausserhalb der Familie aufgewachsen sind, ist um mehr als das Vierzigfache höher, als dies durchschnittlichen Verhältnissen in der Bundesrepublik entspricht.

60% der jungen Mütter sind bis zur Schwangerschaft in äusserlich intakten Familien aufgewachsen. Unter diesen befinden sich 46%, die um das vierzehnte Lebensjahr den Vater durch Tod oder Scheidung verloren haben; einmal zusätzlich auch die Mutter durch Suizid nach dem Tod des Vaters.

Alle ehemals jungen Mütter waren zum Zeitpunkt der frühen Schwangerschaft theoretisch über Verhütungsmethoden informiert. Doch ein grosser Teil der erstgenannten, sozial besonders hilflosen Mütter-Gruppe war schon finanziell nicht imstande, dieses Wissen praktisch zu nutzen. Demgegenüber haben die jungen Mütter aus intakten Familien die gelegentlich von der Mutter empfohlene «Pille» wie ein Gift abgelehnt und im Unterschied zu den ihnen bekannten und zugänglichen Praktiken Gleichaltriger entweder keinen oder nur einen sporadischen Konzeptionsschutz akzeptieren können. Es haben sich – dies gilt für beide Mütter-Gruppen – immer nur kurzfristige sexuelle Kontakte ereignet. Keine der Mütter ist minderbegabt oder in körperlicher Hinsicht beeinträchtigt.

Wie nicht anders zu erwarten, entspricht dem unterschiedlichen biographischen Hintergrund eine unterscheidbare Ausformung der Persönlichkeitsentwicklung und der psychodynamischen Konstellation zum Zustandekommen der frühen Schwangerschaft:

1. Die «Harlow-Mütter»: In Anlehnung an eine Bemerkung von Spitz – «die brave kleine Prostituierte» (1976, 52f.) – lassen sich die jungen Mütter, die primär aus desintegrierten Familien kommen – darunter mehr als die Hälfte mit frühem Verlust der leiblichen Mutter –, in Anbetracht der Armut ihrer Objektbeziehungen und des vorhandenen Entwicklungsdefekts mit Harlows an Attrappen aufgezogenen weiblichen Affen vergleichen, die schliesslich doch noch zu einer unbeteiligten sexuellen Aktivität gebracht werden konnten.

Charakteristisch für die Kontaktnahme mit diesen Müttern ist, dass sie wenig Einblick in ihr inneres Erleben geben bzw. verbalisieren können. Dies gilt für die Geschichte ihrer Kindheit wie auch für das Verhältnis zu ihrem Kind. Je nach Stimmungslage werden mehr oder weniger chaotische und idolisierte Eindrücke wie unzusammenhängende Bilder nebeneinandergestellt. Es ist, als lebten die inzwischen erwachsenen Frauen in einem zeitlosen Vakuum, überrascht davon, dass ihre Kinder, zu denen selten kontinuierlicher Kontakt bestanden hat, inzwischen zehn Jahre und älter sind. Anlässlich der Klinikvorstellung ihrer Kinder erwarten sie passiv einen Ausweg aus einer konfliktreichen Situation, ohne den kindlichen Konflikt innerlich nachvollziehen zu können. In ihrem Fürsorgebedürfnis unterscheiden sie nicht zwischen sich und ihrem Kind. «Zu Ihnen hätte ich Vertrauen - können Sie ihn nicht in Ihre Familie nehmen?»

Die psychischen und sozialen Voraussetzungen für eine auch nur annähernd adäquate Bewältigung der Adoleszentenkrise sind bei diesen Müttern denkbar ungünstig. Überwiegend in einem sozialen Ghetto grossgeworden, sind frühkindliche Traumatisierungen nicht bewältigt. Als spezifisch für ihre Situation schildern die ehemaligen Heimkinder die Gewissheit darüber, dass irgendwo Geschwister, ein Vater und vielleicht auch eine Mutter existieren, aber nicht verfügbar sind; die meisten der Halbwaisen unter den Mädchen haben nicht geglaubt, dass die Mutter wirklich tot ist.

Aus Heimberichten und Darstellungen der Betroffenen gibt es oft Hinweise auf fixe Kinderwunschideen durch die gesamte Kindheit, die anlässlich des Klinikkontaktes nicht als nachträgliche Konstruktionen verstanden werden konnten: Ein kleines Mädchen führt jahrelang vier Puppen in ihrem Schulranzen mit. Sie heissen wie die Geschwister, die sie nicht kennt. Ein anderes der Mädchen führt, seit sie schreiben kann, eine vorsorgliche Liste mit Lieblingsnamen für ihr Kind mit sich, befragt auf der Strasse Mütter, wie die Babies im Kinderwagen heissen, befragt auch völlig fremde Schwangere. Zuoberst auf ihrer Liste steht der Vorname der Mutter bzw. der, den man ihr genannt hat. Eines der Mädchen imitiert im Alter von neun Jahren die Schwangerschaft ihrer Erzieherin mittels eines Kissens unterm Rock und fortwährenden Klagen über Bauchschmerzen (vgl. Brooks, 1985). Eine der ehemals adoleszenten Mütter erinnert sich, dass sie sich habe umbringen wollen, falls sie mit sechzehn Jahren immer noch keinen Sohn haben sollte.

Phantasien dieser Art waren offenbar Anteil der psychischen Überlebensstrategie dieser verlassenen kleinen Mädchen. Zu dieser Strategie gehörte weiter der Aufbau eines von jeder Realitätserfahrung unberührten inneren Bildes einer hochidealisierten Mutter. Die reale Erfahrung des chronisch unzureichenden Umsorgtseins führte ausserdem zu kompensierenden Vorstellungen, selbst eine ganz besonders gute Mutter werden zu wollen. Zugleich waren und sind diese reparativen Selbstentwürfe mit einem absolut infantilen Vorstellungsvermögen zum Mutter-Sein verknüpft in Form einer Umkehrung der Mutter-Kind-Rolle.

Die bewussten, persistierenden Kinderwunschphantasien der Kindheit sind selten zum Zeitpunkt der Schwangerschaft präsent. Zumeist geht ihr die Heimentlassung, auch die Flucht aus dem Heim voraus, verbunden mit der Suche nach den verlorenen Familienangehörigen. Oft setzt eine Phase des ziellosen Herumtreibens ein; Arbeits- und Lehrstellenversuche scheitern. «Als ich dann raus kam, hab' ich niemand mehr gefunden», kommentiert eine der jungen Frauen. Lange hat sie die Tatsache ihrer Schwangerschaft nicht bemerkt, weiss auch nicht, wer der Erzeuger ihres Kindes war - «vielleicht so ein Penner von der Bahnhofsmission». Heute ist ihr unbekannt, wo ihr erstes Kind jetzt lebt, denn inzwischen hat sie so viele Kinder an verschiedenen Orten. Manchmal geht der frühen Schwangerschaft der Adoleszentin ein erster schockartiger Kontakt mit der ihr bislang unbekannten leiblichen Mutter voraus, die in nichts dem inneren Idealbild entspricht. Eine andere der Mütter schildert: «Als ich aus dem Heim kam, gab's niemand. Wenn ich eine schwangere Frau auf der Strasse gesehen hab', hab' ich gedacht, die hat's gut, die ist nicht allein.».

Unter den widrigsten Lebensumständen wird die Zeit der Schwangerschaft von den ehemals adoleszenten Müttern als ein innerlich erhebender Zustand erinnert. Das Kind gilt rückblickend nicht immer als unbedingt erwünscht, aber es hat Erwartungen auf ein «besseres Leben» inszeniert. Die Abtreibung wird nicht erwogen. Allein die Andeutung dieser Alternative von Seiten sozialer Betreuungsstellen wird noch nach vielen Jahren als Angriff auf Leib und Leben verstanden – ähnlich wie der Vorschlag zur Adoptionsfreigabe bis heute als eine Form von Kindesraub empfunden wird. Ist das Kind geboren, bricht der Zustand traumwandlerischer Zuversicht in sich zusammen. Sehr schnell wird das fordernde Neugeborene als eine enttäuschende Last empfunden, auf das sich destruktive Impulse richten, wozu mehrere innere und äussere Umstände beitragen: der plötzlich leere Bauch entspricht dem psychischen Entleertsein von vagen Hoffnungen; vermutlich bleibt das Ausmass der postnatalen Depression unerkannt. Erst jetzt, nach der Geburt und in Anbetracht des hilflosen Säuglings, realisiert die junge Mutter ihre desolate soziale und psychische Hilflosigkeit. Das Geschrei des Säuglings löst Panik aus, denn sie hört ihr eigenes Weinen. Institutionalisierte Hilfsangebote erweisen sich als unzulängliche Umgebungsmutter, weil die emotionale Bedürftigkeit der Adoleszentin nicht nur verkannt wird – ein Babykurs macht noch keine Mutter –, sondern auch, weil die ihr bescheinigte mütterliche Imkompetenz zu einer Intensivierung von Ohnmacht und Kränkung führt. Die junge Mutter, der die Erfahrung des Gehaltenwerdens fehlt, kann ihr Baby nicht halten; sie lässt es buchstäblich fallen und flüchtet in die Disco. Ergebnis: Das Kind ist der traumatischen Wiederholung mütterlicher Kindheitserfahrungen preisgegeben. Weiteres Ergebnis: Zahlreiche nachfolgende Schwangerschaften der Mutter, verbunden mit immer neuen und scheiternden Versuchen, aus dem Erzeuger zugleich einen Vater und eine Mutter für sich und ihr Kind zu machen.

Diagnostisch handelt es sich bei den jetzt erwachsenen, ehemals adoleszenten Müttern um schwere Persönlichkeitsentwicklungsstörungen, darunter eine Psychose. In psychischer Hinsicht sind sie agierende Adoleszentinnen geblieben, nach wie vor ausserstande, im Phantasiekind ihrer Kindheit die lebendige Person wahrzunehmen.

2. Die «Lieblingstöchter»: Zwei Drittel der ehemals adoleszenten Mütter, die in intakten Familien aufgewachsen sind, verstehen sich noch heute weniger als die Mutter ihres Kindes, sondern vielmehr als die «Lieblingstochter des Vaters». Dazu gehören auch alle diejenigen Frauen, die den Vater um das vierzehnte Lebensjahr durch Tod oder Scheidung der Eltern verloren haben. Der Kontakt zu diesen Müttern ist vor allem durch den lebhaften Eifer gekennzeichnet, mit dem sie ihre neurotische Position zum Vater einführen, verteidigen und zum Mittelpunkt ihres Selbstverständnisses machen, eifersüchtig darauf bedacht, in Konkurrenz mit dem Kind, das Interesse der Untersucherin ganz für sich zu gewinnen. Sie sind ausnahmslos älteste von wenigstens drei, maximal acht Geschwistern, wobei der Altersabstand zum nächstjüngeren durchschnittlich dreiundzwanzig Monate ausmacht. Charakteristisch für die subjektive Beurteilung der Kindheit sind gleichlautende Darstellungen und Gefühlshaltungen, die keine Infragestellung dulden: Chronische Streitigkeiten zwischen Vater und Mutter, pauschale Entwertung der Mutter, Idealisierung des Vaters, Brotneid im weitesten Sinn des Wortes auf die nachgeborenen Geschwister. Der Vater – noch am Leben oder verstorben – wird bis heute als emotionales Zentrum empfunden; ein gütiger, verständnisvoller, von der Mutter unterdrück-

ter Held - auch dann, wenn er die Lieblingstochter verdroschen hat. Widerfahrene Züchtigungen durch den Vater werden wie zum Beweis für dessen Fähigkeit, Grenzen gesetzt zu haben, angeführt. Hat der Vater einmal enttäuscht, wird seine Schwäche der liebegeizigen Mutter angelastet. Die Existenz der nachfolgenden Geschwister wird nicht als Ausdruck auch positiver Beziehungsanteile der Elternverbindung verstanden, sondern als Zeugnis für die «Kindersüchtigkeit» der Mutter, die die Kräfte des Vaters «aufgezehrt» hat. Das anhaltend schlechte Verhältnis zur Mutter führen die erstgeborenen Töchter auf mütterliche Vorwürfe zurück, Anlass für eine unglückliche Eheschliessung gewesen zu sein. «Aber mein Vater, der hat mich immer gewollt - der gäb' noch heut' sein Leben für mich her». Typisch für den Entwicklungsgang der «Lieblingstöchter» bis in die Adoleszenz ist die Intensivierung einer engen Gefährtenschaft mit dem Vater und die Vertiefung der Kluft zur Mutter und zu den Geschwistern - einschliesslich einer Distanz zu Gleichaltrigen.

Diejenigen ehemals adoleszenten Mütter, die den Vater in den ersten Pubertätsjahren durch Tod oder Scheidung der Eltern verloren haben, verbinden seinen Verlust mit einem jähen, unverwundenen Einbruch in den persönlichen Lebensweg. Die Klage um den verlorenen Vater ähnelt noch nach vielen Jahren der eines kleinen vorwurfsvollen Kindes, das sich ohnmächtig im Stich gelassen fühlt. Unverwunden wirken vor allem auch schwer zugestehbare aggressive Gefühle gegenüber einem verherrlichten Vater, der der ältesten Tochter die Verantwortung für die verlassene Mutter aufbürdet oder dieser Tochter eine Freundin vorgezogen hat und mit ihr weitere Kinder zeugte. «Meine Mutter hat mir die Schuld dafür gegeben, dass er am Herzinfarkt gestorben ist.»

In Anbetracht der geschilderten tatsächlichen oder phantasierten Intimität zwischen Tochter und Vater drängte sich die Vermutung auf, als habe die Lösung des Vaters aus der Familie durch Scheidung - aus der väterlichen Perspektive betrachtet - einer Art Inzestflucht entsprochen. Der weitere Entwicklungsgang der Töchter spricht dafür, dass der Verlust des Vaters bis heute nicht betrauert werden konnte, sondern die Trennung agierend annulliert wird mit Hilfe immer neuer Ersatzobjekte, die wieder verworfen werden müssen. Nach dem Verlust des Vaters geraten die jungen Mädchen, ausnahmslos noch Schülerinnen, in eine nicht endende Verkettung konfliktgeladener Lebensereignisse, die sich wie eine Serie von unbewussten Selbstbestrafungsmanövern ausnimmt. Es kommt zu kurzen leidenschaftlichen Liebesgeschichten, überwiegend mit einem verheirateten älteren Mann - dem Lehrer, dem Vater der Freundin, dem Bruder der Mutter -, die alle scheitern. Zumeist schon ein Jahr nach dem Verlust des Vaters sind die Adoleszentinnen schwanger. Der Verlauf der Schwangerschaft ist von dramatischen Umständen begleitet: Suizid eines Kindesvaters, tödliche Unfälle von zwei weiteren, Suizidversuche von Mutter und schwangerer Tochter. Zur Erwünschtheit des Kindes äussern sich die Mütter rückblickend indifferent; nicht realisierte Abtreibungsabsichten und Phantasien, das Kind «wie ein lebendiges Andenken an den Vater» am Leben halten zu sollen, stehen nebeneinander. Oft wird dem Kind der Vorname des Vaters gegeben. Alle Adoleszentinnen brechen mit der Schwangerschaft die Schule ab und verlassen nach der Geburt des Kindes fluchtartig das Elternhaus. Bis auf zwei Ausnahmen übernimmt nach einigen Provisorien die verwitwete oder geschiedene Mutter der Adoleszentin das Baby, bzw. es wird ihr, als ob sie die einzig zuständige Mutter wäre, übergeben, ohne dass es zu einer Versöhnung zwischen Mutter und Tochter kommt. Oft scheint diese Übergabe des Babys an die Mutter die einzige Möglichkeit gewesen zu sein, sich von ihr trennen zu können. Dafür sprechen auch unstimmige Behauptungen, von der Mutter «fortgejagt» worden zu sein. Die junge Mutter sieht ihr Kind jahrelang nicht mehr. Bis zur Klinikvorstellung – z.B. weil die Grossmutter das Kind nicht mehr versorgen kann – haben die jungen Frauen bis zu fünf Eheschliessungen vollzogen, nie mit dem Kindsvater. Zwei adoleszente Mütter lassen sich mit noch nicht dreiundzwanzig Jahren sterilisieren, eine ist Prostituierte.

Bei den «Lieblingstöchtern», die den Vater in der frühen Adoleszenz nicht verloren haben, ist es vor allem der Vater, der sich aus der Gefährtenschaft mit der Tochter nicht lösen kann, was wiederum ihre Trennungsfähigkeit nahezu aufhebt. Der Vater tut alles, um ihren Verbleib in der Familie zu sichern: Lehrstelle im väterlichen Betrieb, Überschreibung des bäuerlichen Anwesens an die Tochter zum Nachteil der Söhne, strikte Ausgangssperre, usw. Einer der Väter holt seine Tochter sogar aus dem Kloster zurück. Es ist der Vater, der für alles sorgt: er kauft mit der Tochter ihre Kleider ein, er führt sie auf die Kirmes, er nimmt ihr den Geschirrwasch ab. «Er hat sich wegen mir scheiden lassen wollen.»

In Schillers «Kabale und Liebe» hält Vater Miller seiner Tochter im letzten Akt vor:« ...auch ich hab' alles zu verlieren. Du siehst, mein Haar fängt an grau zu werden. Die Zeit meldet sich bei mir, wo uns Vätern die Kapitale zustatten kommen, die wir im Herzen unserer Kinder anlegten. Wirst Du mich betrügen, Luise?» Luisens adoleszente Lösung ist der Tod. Die «Lieblingstöchter» machen Ausbruchsversuche – zumeist im Zusammenhang mit aktuellen Trennungserfahrungen: Schulabschluss, die Mutter ist neu schwanger, der Bruder muss zur Bundeswehr, ein Familienmitglied stirbt. Wenige Monate danach werden sie schwanger. Die enge Verbindung zum Vater wird jedoch bald wieder hergestellt. Die junge Frau kommt in Schwierigkeiten mit dem Kindesvater und dessen Familie, und es ist der Vater der Adoleszentin, der als Retter und Quasi-Vater ihres Kindes auftritt. Die Kinder der jugendlichen Mütter halten den Grossvater ms. oft viele Jahre lang für ihren leiblichen Vater, der seinerseits verfügt, dass sein Enkel die leibliche Mutter für eine Tante hält. Erst der Tod des Grossvaters oder ein neuerlicher Trennungsversuch der Tochter-Mutter, Jahre später, entdeckt dem Kind seine verschleierte Herkunft.

3. Die «schwarzen Schafe»: Eine Reihe von ehemals adoleszenten Müttern aus intakten Familien sind einzige Tochter unter – wie sie meinen – höher geschätzten Söhnen; oft sind sie auch Ersatzkind für eine früh verstorbene Ideal-Tochter der Eltern. Ihre Erinnerungen an die Kindheit bestehen aus vehementen Anklagen gegen die Ungerechtigkeit und Lieblosigkeit der Eltern zum Vorteil der Brüder. Einzelheiten, die sich vor zig-Jahren zugetragen haben sollen, lösen einen Schwall erbitterter Gekränktheit aus, als wäre es gestern gewesen. Die Brüder sind mit Schokolade hochgepäppelt worden, für die Schwester gab es nur noch verschimmeltes Brot – geeignet, ein ungeheueres Mass an Rachsucht anwachsen zu lassen.

Aus der Darstellung der Lebensgeschichten wird ersichtlich, dass sich der enorme Neid auf die Brüder mit dem auf die Mutter, als der Besitzerin dieser bevorzugten Wesen, verbindet. Die Rachephantasie – «euch werd' ich's zeigen» – enthält wenigstens zweierlei Bestrebungen, die in der frühen Adoleszenz kurzerhand in die Tat umgesetzt werden: einen Sohn haben wie die Mutter, und den Beweis erbringen, dass Männer nichts wert sind. Was auffällt, ist die gezielte Wahl des Kindesvaters und künftigen Lebensgefährten. Regelmässig wird er aus einer desolaten Situation – Knast, Zoff bei der Bundeswehr, Fremdenlegion, Drogenszene usw. – «errettet», was heisst, dass die schwarzen Schafe ihre bisher ohnmächtige Familienposition umkehren und gegenüber dem zukünftigen Ehemann zunächst eine mütterlich-fürsorgliche Haltung einnehmen. Die Ehen werden zu stabilen Kampfschauplätzen mit destruktiv-dominierender Position der Frau. Das Kind – stets als erwünscht geltend – verhilft zu elternähnlicher Machtvollkommenheit, ohne dass ihm ein Subjektstatus zuerkannt werden kann. Den ersten Suizidversuch ihres zehnjährigen Sohnes kann eine der Mütter nur als unverschämten Angriff auf ihre Person verstehen; in ihrem Verständnis erweist sich ihr Kind als ebenso «bösartig» wie die Brüder der Kindheit.

Ergänzend zu den ehemals adoleszenten Müttern aus intakten Familien sind zwei Frauen zu erwähnen, die in enger prolongierter Symbiose mit der psychosomatisch kranken Mutter aufgewachsen sind. Ihr Bewusstsein für das Zustandekommen der Schwangerschaft hat eine Qualitiät, die ans «Dokterles-Spiel» kleiner Kinder erinnert. Das Spiel hat sich fast unter den Augen der Mütter vollzogen, die beide um diese Zeit aussereheliche sexuelle Kontakte ausprobierten, was zur Stimulierung des «Dokterles-Spiels» beigetragen haben dürfte. Die Infantilität der beiden jungen Frauen – beide heiraten den Kindsvater – und ihre Beziehungsstörung zu den Kindern kommt einige Jahre später anlässlich der Klinikvorstellung drastisch zum Ausdruck: Es werden zwei Gliederpüppchen zur Untersuchung gebracht mit schweren phobischen Reaktionen und ihrerseits psychosomatischen Symptomen.

Diagnostisch handelt es sich bei allen ehemals adoleszenten Müttern, die aus intakten Familien kommen, um vorwiegend schwer neurotische Persönlichkeiten. Ihr weiterhin agierendes Beharren auf der ödipalen Lösung der Latenzperiode trägt zugleich den Stempel einer frühen Beziehungsstörung zur Mutter mit allen Konsequenzen für die Ich-Entwicklung und Objektbeziehungsfähigkeit. Gegenüber dem erstgeborenen Kind bestehen vor allem schwere Schuldgefühle, die zur Verleugnung seiner Existenz als eines eigenständigen Menschen führen; ausnahmsweise hat das zweite Kind zu mehr mütterlicher Kompetenz geführt.

Abschliessend zu den klinischen Daten der ehemals adoleszenten Mütter unserer Patienten noch eine Anmerkung zu den Minderjährigen, die wir zur Indikationsbeurteilung für eine Abtreibung sehen. Die Frage, wie es dazu kommt, dass eine schwangere Adoleszentin ihr Kind austrägt oder abtreibt, ist vorläufig nicht genauer untersucht. Soweit uns zu dieser Frage vergleichende Beobachtungen zur Verfügung stehen, ist einschränkend festzuhalten, dass sie – wie bei den adoleszenten Müttern auch – auf der selektiven klinischen Erfahrung beruhen.

Die uns bekannten adoleszenten Schwangeren mit Abtreibungsabsichten sind zum Zeitpunkt der Schwangerschaft durchschnittlich noch jünger als die untersuchten ehemaligen adoleszenten Mütter. Sie stammen aus schlechteren sozialen Verhältnissen und sind seltener kontinuierlich im Heim aufgewachsen; eine bemutterungsunfähige Mutter bleibt wesentliche Bezugsperson bis zur Adoleszenz. Die äusserlich intakte Familie besteht nur formal, denn beide Eltern sind über lange Zeiträume nicht präsent infolge besonderer Häufung von psychischen Auffälligkeiten bei den Eltern. Ein psychisch präsenter, akzeptierender Vater fehlt. Die Mütter der Adoleszentinnen sind nicht in der Lage, auch nur zaghafte Anzeichen kindlicher Autonomie zu ertragen. Dem entspricht seitens der Töchter eine allesbeherrschende chronische Trennungsangst, die das Zustandekommen der Schwangerschaft massgeblich bestimmt. Auslösend sind äussere Trennungsereignisse, aber auch der innere Versuch, mit Hilfe der Anlehnung an einen heterosexuellen Gefährten, zu dem keine Beziehung entsteht, der hochambivalenten abhängigen Beziehung zur Mutter zu entkommen. Die Schwangerschaft löst schwere Ängste aus, verstärkt infolge zumeist strikter Abtreibungsforderungen der Mutter. Die Ängste betreffen kaum die problematische soziale Situation, sondern das Körperinnere. Es bestehen paranoide Vorstellungen, von einem bösen Introjekt gleichsam aufgefressen und zerstört zu werden. Mit der Entdeckung der Schwangerschaft scheinen die verinnerlichten destruktiven Aspekte der Mutter überhand zu nehmen, was Suizidalität und gelegentlich psychosenahe Zustände bewirkt. Die Person der Mutter ist in diese schwere Beängstigung einbezogen, als ob die Schwangerschaft Tochter wie Mutter der Vernichtung ausliefere. Mit der Abtreibung bietet sich der Ausweg der partiellen Selbstverstümmelung an, einschliesslich einer Scheinversöhnung mit der Mutter, die das intensive sadomasochistische Abhängigkeitsverhältnis zu ihr befestigt.

Diskussion

Zu einem der wichtigsten Reifungsschritte der Adoleszenz gehört die Fähigkeit, den Verlust der Primärobjekte zu betrauern. Erst damit sind die psychischen Voraussetzungen einer empathischen Beziehungsfähigkeit zu neuen Objekten geschaffen (vgl. Wolfenstein, 1966). Der adoleszente Trauerprozess findet nicht statt, wenn frühkindliche Entwicklungsabläufe beeinträchtigt waren, d.h. wenn Objektbeziehungsstörungen im Verlauf der ersten Individuationsphase fortwirken, Objektkonstanz nicht erreicht wurde und dementsprechend die ödipale Konfliktsituation auch nicht annähernd gelöst bzw. revidiert werden konnte. Wie vielfach beschrieben, entspricht das sogenannte Agieren der Trauer des Adoleszenten einer vorübergehenden Externalisierung innerer Konflikte, wozu jedoch nicht übersehen werden darf, dass es sich dabei auch um eine progressive Form der begreifenden, selbständigen Realitätserfassung handelt, die mit dem Kleinkindalter beginnt und schlimmstenfalls mit der Etablierung in ein opportunistisches Erwachsenendasein verkümmert. Unterliegt dem adoleszenten Agieren vorwiegend die Tendenz, durch Wiederholung, Verschiebung und Aktivierung von infantilen Phantasien die Trennung von den Primärobjekten zu annullieren bzw. ein Einssein wieder herzustellen, scheitert der adoleszente Trauerprozess, zu dem die Entidealisierung des Selbst und der Primärobjekte gehört, scheitert die adäquate Auseinandersetzung mit der Realität und damit der Fortschritt autonomer Entwicklung einschliesslich künftiger elterlicher Kompetenz.

Zur Geschlechterdifferenz destruktiven adoleszenten Agierens und typisch pathologischer Ausprägung beim jungen Mädchen betont Blos (1957, 1964), neben der jeweils vorhandenen Ich-Schwäche, die spezifische Beschränkung des weiblichen als eines sexuellen Agierens, und zwar vorrangig in Richtung auf eine passive Position zur präödipalen Mutter, einschliesslich Abwehr dieser Position mit Hilfe pseudoheterosexueller Aktivität ohne erotische Befriedigung. «The male only serves her to gratify her insatiable oral needs. Consciously she is almost obsessed by the wish for a baby which, in its make-believe childishness, is so reminiscent of a little girls wish for a doll» (1957,238). Blos führt aus, dass die Regression zur prägenitalen Mutter für den männlichen Adoleszenten in Übereinstimmung mit seiner geschlechtsspezifischen Rolle verbleibe, während sie beim Mädchen «in einem katastrophalen Gegensatz zu seiner normalen Entwicklung zur Weiblichkeit» (1964, 652) stehe. Der Inhalt des weiblichen adoleszenten Agierens von Kinderwunschphantasien bestehe im Wesentlichen aus dem Kampf gegen die Gefahr der anaklitischen Depression (vgl. Deutsch, Fraiberg, Pajot), d.h. einem Ungeschehenmachen der Enttäuschung an der Mutter oder dem Muttterersatz und einer Wiederherstellung der Einheit mit ihr. «Der Schrei nach dem Kind ist in Wirklichkeit der nach der Mutter» (Deutsch, 1959, Bd. II, 137). Um eine weitere, reifere Konstellation des auf den sexuellen Bereich beschränkten weiblichen Agierens kann es sich nach Blos dann handeln, wenn das weibliche Kind bis in die Adoleszenz auf eine unverändert aktuelle Feindseligkeit gegenüber der ödipalen Mutter festgelegt ist, und damit auf ein aggressives Rivalisieren mit ihr. Es kommt keine positive Identifizierung mit der Mutter zustande, nicht zuletzt deshalb, weil die Mutter nicht zu einem positiven Bild vom Vater verholfen hat.

Diese Auffassungen von Blos und anderen Autoren zur Psychodynamik der frühen Schwangerschaft in der Adoleszenz gewinnen an Anschaulichkeit, wenn man dazu die Rolle von Kinderwunschphantasien (Kind-sein-Phantasien) im Verlauf der weiblichen Entwicklung mit in Betracht zieht. In Ergänzung der Freud'schen Auffassung hat Edith Jacobson bereits 1936 darauf hingewiesen (vgl. auch Jacobson, 1950), dass die Kinderwunschphantasien bei beiden Geschlechtern eine lange prägenitale Vorgeschichte haben. Narzisstische Kränkung, oraler Neid und Angst vor Versagung und Trennung beim zwei- bis dreijährigen Kind führen zu einer primären Identifizierung mit der schwangeren Mutter und mit dem Ungeborenen, im Versuch der Selbstbehauptung und Bemeisterung der Abhängigkeit von ihr. Die kleinen Kinder spielen Mutter-Kind-Spiele mit der Mutter oder der Puppe, verbunden mit dem Wunsch, die Mutterrolle zu übernehmen, doch ohne das Vermögen mütterlicher Empathiefähigkeit. Die Phantasie, mit der Mutter gleichsam in Dualunion schwanger zu sein, schützt vor dem Hass und Neid gegen das Trennende. Letzteres zu sehen scheint mir wichtig, weil sich im Unbewussten der schwangeren Adoleszentin ein ähnlicher ansatzweiser Trennungsversuch von der Mutter mit gleichzeitiger Annullierung des Getrenntseins zu verbinden scheint.

Kestenberg (1956, 1977) vertritt, was hier nicht näher ausgeführt werden kann, die Auffassung, dass das weibliche Kleinkind auf die Puppe vaginale Erregung externalisiert; es bedarf eines langen Entwicklungsprozesses, bis es von dieser Form der Externalisierung zu einer desexualisierten mütterlichen Funktionsfähigkeit kommt. Zunächst führt die Erkenntnis, zusammen mit der Mutter kein Kind haben zu können, dazu, dass das weibliche Kleinkind im Verlauf der ödipalen Entwicklungsperiode seine Kinderwunschphantasien nunmehr auf den Vater richtet und mit der Mutter um dessen Liebe und erotische Beachtung rivalisiert. Insgesamt ist zu den infantilen Kinderwunschphantasien der präödipalen und ödipalen Phase hervorzuheben, dass sie stets Anteil der Beziehung zu Mutter und Vater sind und damit die Verbindung, nicht die Trennung zu den Primärobjekten betonen. D.h., das Kleinkind, das sich Phantasiekinder produziert, behält selbstverständlich seine Position, Kind der Eltern zu sein, bei; die Eltern sind zugleich die Eltern seines Phantasiekindes. Zu dieser Voraussetzung scheint die schwangere Adoleszentin zurückgekehrt zu sein.

Bei regulärer Entwicklung entrücken die infantilen Kinderwunschphantasien mit der Latenz in den Bereich der Kindheitsamnesie. Der Wunsch nach subjektiver Vollkommenheit und Kreativität kommt nunmehr in sublimierter und zunehmend elternunabhängiger Ausformung zur Geltung. Gleichwohl ist anzunehmen, dass die produktive Kraft früher Kinderwunschphantasien im Leben und in künstlerischen

Schöpfungen des Erwachsenen beiderlei Geschlechts wirksam bleibt. Die grössten Romanautoren z.B. sind Männer, die eine unbegrenzte Zahl von Objekten auf die Welt bringen. Die «Heilige Anna-Selbdritt» Leonardos kann man als Darstellung einer präödipalen Kinderwunschphantasie - Mutter und Tochter in Dualunion neben dem Jesuskind - verstehen; generell verweist die Mariologie auf eine Spaltung von Mutterschaft und Heterosexualität (Warner, 1982). Frühinfantile Kinderwunschphantasien tauchen jedoch auch im Verlauf der Schwangerschaft erwachsener Frauen auf und zwar in Form eines neuartigen, innigen Nähegefühls zur Mutter, indem sich die Schwangere zugleich als Mutter und beschütztes Kind fühlen kann. Vorübergehend wendet sich die Schwangere phantasierend den Ursprüngen erfahrener Bemutterung zu, die dem sprachlosen Erfahrungsbereich der Dualbeziehung angehören.

Diese schöpferischen oder einem vorübergehenden Regressionszustand angehörigen Zeugen präödipaler Phantasieinhalte sind dem adoleszenten Agieren persistierender Kinderwunschphantasien nicht vergleichbar. Denn zum Aufkommen derartiger Phantasien im Verlauf der frühen Kindheit wie zu ihrer Sublimierungsfähigkeit sind die emotionalen Begleitumstände zu berücksichtigen. Es ist anzunehmen, dass es nur dann zur Persistenz und zum adoleszenten Agieren von Kinderwunschphantasien kommt, wenn die ursprünglichen Phantasieinhalte im traumatisierenden Kontext einer erheblich gestörten Beziehung zur Mutter bzw. zu beiden Eltern standen. Während das selbstsichere Kleinkind mit Hilfe der Kinderwunschphantasie Erfindergeist entwickelt, dürften die entsprechenden Phantasien bei einem ohnehin beängstigten Kleinkind mit gestörter Beziehung zur Mutter mehr einem kompensatorischen Schutzmechanismus zur psychischen Selbsterhaltung entsprechen. Erfindungen können bei zunehmender Trennungstoleranz partiell verworfen und weiterentwickelt werden, Mechanismen der Selbsterhaltung werden weiterhin dringend gebraucht, um Verlassenheitsängste zu mindern. Letzteres trifft vor allem auf ein weibliches Kleinkind zu, wenn ein empathischer Vater fehlt, d.h. ein Vater, der einerseits Muttersatzfunktionen übernehmen kann und andererseits symbolischer Vater ist, nicht ein Verführer, der die Fixierung an infantile Wunschphantasien fördert.

Ausgehend von diesen theoretischen Überlegungen unterstreichen die klinischen Daten zur adoleszenten Schwangerschaft, dass, bei im einzelnen unterschiedlichen biographischen und psychodynamischen Konstellationen, die betroffenen jungen Frauen, und mit ihnen ihr Kind bzw. der blutende Abortrest, Gefangene ihrer Kindheit geblieben sind. Die Fähigkeit zur Trauer, zur Entidealisierung und zur Überwindung von Objektspaltung sowie Ambivalenz ist nicht erreicht. Die Adoleszentinnen haben mit der gehandelten Phantasie wichtige Entwicklungsschritte scheinbar übersprungen, ohne psychisch gewachsen zu sein. Sie sind biologisch Mütter, doch die Beziehung zum Kind gleicht der zu einer Attrappe bzw. einem Phantasieobjekt. Die - neue - Nähe zu den Eltern, die der Erwachsene bei regulärer Entwicklung im konfliktreichen Reifungsprozess zur Elternschaft findet, scheinen sie - ohne Zuwachs an Autonomie - auf dem kürzesten Rückweg gesucht zu haben: die regressive Wiedervereinigung mit der Mutter, z.T. in Verbindung mit der Verwirklichung von auf den Vater gerichteten inzestuösen Wünschen. Im Ergebnis haben sie eine psychische Position erreicht, die der des Kindes mit seiner Puppe, als dem Baby-Substitut infantiler Beziehungswünsche, entspricht. Auch wenn diese gehandelte Phantasie adoleszententypisch ist - soweit die psychischen Voraussetzungen (Ich-Entwicklung, Differenziertheit der Objektbeziehungen) zur Bewältigung der Adoleszentenkrise fehlen –, ist nicht zu übersehen, dass ihr auch erwachsene Menschen unterliegen können; der Stand der modernen Reproduktionstechnologie kommt einer pathologischen Kinderwunschkonstellation entgegen.

Die klinischen Daten verdeutlichen, dass die agierte Phantasie als eine Art Ersatzteil für den Unterbruch einer regulären weiblichen Entwicklung steht. Wie ein untaugliches Ersatzteil wird schliesslich das lebendige Kind erfahren – von seiner Mutter wie von der sozialen Gemeinschaft, weil es für sich, seine Mutter und andere in seiner Person Trennungsangst, Ohnmacht und narzisstische Verletztheit verkörpert und mobilisiert.

Bei den «Harlow-Müttern» ist offensichtlich, dass sie nie zureichend eine gute, beschützende Beziehung introjizieren konnten, als Voraussetzung für mütterliches Empathievermögen, ganz abgesehen von der darüber hinaus gegebenen Unkenntnis einer triadischen Beziehungskonstellation und entsprechenden Schwierigkeiten, eine solche einzugehen. Bis in das Erwachsenenalter halten sie an einer bewussten und unbewussten Idealisierung bzw. Idolisierung der verlorenen Mutter fest; die ausnahmsweise und dann enttäuschende Konfrontation mit der realen Mutter in der Adoleszenz führt nicht zu einer Veränderung des Wirklichkeitssinns und zur Befähigung von Mütterlichkeit. Denn für das psychische Überleben besteht bei den schwachen Ich- bzw. Abwehrkräften nur die Wahl der «magischen Partizipation» am bedürfnisbefriedigenden Objekt (vgl. Spitz), wobei dieses in seinen Subjekteigenschaften wenig erkannt werden kann, weshalb auch Mutter, Kind und Sexualgefährte nicht näher differenziert werden. Dieser Partizipation zugehörige subjektive Erlebensweisen sind nicht verbalisierbar, weil sie der averbalen Entwicklungsperiode verhaftet sind. Gesucht wird der Zustand der Ersatzsymbiose mit dem Objekt. Er scheint während der Schwangerschaft maximal erreicht; die Geburt kommt einer Ruptur gleich, und das lebendige Kind wird zum Aggressor. «Sobald das bedürfnisbefriedigende Objekt sie frustriert, verliert es seine Eigenschaften als Objekt» (Spitz, 1976, 62) bis hin zur Auslösung von Desintegrationsängsten, d.h. die destruktiven Aspekte, die in der Idealisierung versteckt sind, kommen zum Ausbruch. Verglichen mit den schwangeren jungen Mädchen, die abtreiben, scheinen die «Harlow-Mütter» diesen in einer Hinsicht überlegen: es fehlt die sadomasochistische Fixierung an die Mutter; vorhanden ist ein instinktiver Anlehnungsdrang an eine illusionäre Ideal-Mutter – eine Attrappe. Insofern erscheinen mir Interpretationen wie die der unbewusst intendierten Wiedergeburt eines heilen Selbst durch das Kind ihrerseits etwas illusionär.

Der Entwicklungsdefekt der «Lieblingstöchter» und «schwarzen Schafe» ist demgegenüber weit komplexer und umfasst über die gestörte Dualbeziehung hinaus Ansätze zur ödipalen Konfliktlösung. Die Daten der «Lieblingstöchter» legen nahe, dass sich im Zusammenhang mit nachfolgenden Schwangerschaften der Mutter und erfahrener emotionaler Verlassenheit in der Wiederannäherungsphase ein forcierter Objektwechsel zum Vater ereignet hat, jedoch zu einem Vater, der vielleicht Mutterersatzfunktionen, nicht aber die eines ödipalen Vaters erfüllen konnte. Es ist spürbar, dass bis in das Erwachsenenalter der Vater zum Helden hochstilisiert werden muss, weil er, wie zu vermuten ist, eben keiner war, zumindest aber von der Mutter als Mann abgewertet wurde. Noch als erwachsene Frauen sind die «Lieblingstöchter» gezwungen, an der Heldensaga festzuhalten, weil nur sie vor der Aggression und vor den verführerischen regressiven Angeboten des Vaters schützt und weiter eine notdüftige aggressive Abnabelung – der Sterilisation vergleichbar –, nicht jedoch eine bewältigte Ablösung aus der ambivalenten Beziehung zur Mutter gewährleistet. So wird auch zur Aufrechterhaltung des Abstands zur Mutter bis heute die Umschreibung benötigt, von ihr «fortgejagt» worden zu sein, weil die aktive Trennung bis heute nicht vollzogen werden kann, ebenso wie die gemeinsame Trauer um den Vater in der Adoleszenz eine zu grosse Annäherungsgefahr an die Mutter beinhaltet hätte. Aufgrund der geschaffenen Lebensumstände ist die Phantasie, mit der Mutter gemeinsam ein Baby zu haben, Wirklichkeit geworden. Das Kind der Tochter bleibt dabei der Mutter überlassen wie das Geschwister der Kindheit. Die Existenz des Kindes wird verleugnet, denn sie ist zugleich mit inzestuösen Phantasien verwoben. Anhaltspunkte für ein manifest inzestuöses Verhältnis zwischen den «Lieblingstöchtern» und ihren Vätern fehlen, wahrscheinlich deshalb, weil die vielgeschmähte Mutter in der Kindheit als Mutter und Ehefrau doch gegenwärtiger war als beschrieben.

Die narzisstisch am schwersten traumatisierten ehemals adoleszenten Mütter sind die «schwarzen Schafe». Ihrem zielbewussten Handeln in der Adoleszenz scheint die infantile Grössenphantasie zu Grunde zu liegen, gleichzeitig über die beneidete Brust der Mutter, die den Brüdern gehört, wie über den Penis des Vaters/der Brüder, zu verfügen. Wie typisch für «schwarze Familienschafe», besteht der entschiedene Anspruch auf einen neuen kreativen Lebensweg, der in einer bedrohlich deprimierenden Sackgasse mündet, weshalb kein Gefühl von Zärtlichkeit aufkommen darf. Greenacre hat 1950 einen speziellen Typ gestörter weiblicher Entwicklung beschrieben («Medea-Komplex») mit ausgeprägtem Brust- und Penisneid wie Kastrationskomplex. Es handelt sich um kleine Mädchen, die vor dem Spracherwerb die Geburt eines jüngeren Bruders erlebt haben, als junge Frauen kindlich schwache Männer in Besitz nehmen, unzärtlich gegenüber ihren Kindern und gefährlich empfindlich für narzisstische Kränkungen sind. Im Unterschied zu einigen Müttern aus der Gruppe der «Lieblingstöchter» war keine der Frauen aus der Gruppe der «schwarzen Schafe» zu einer Psychotherapie motivierbar.

Insgesamt entwickelte sich aus den Kontakten mit den ehemals adoleszenten Müttern nur ausnahmsweise der Wunsch nach Psychotherapie und dann jeweils nach einer monatelangen Latenz zu den ersten Gesprächen. Meine bisherigen therapeutischen Erfahrungen mit diesen Frauen geben mir zu erkennen, dass das treibende Motiv zur Behandlung stets das gleiche ist: Nicht die Aufarbeitung von Kindheitserfahrungen, sondern das schmerzliche Erschrecken, als Mutter versagt zu haben. «Ich hab ihn zwar geboren, aber heute kommt mir das vor, als hätt' ich ihn abgetrieben – dabei lebt er.» Umso überzeugter bin ich, aufgrund dieser Rückblende, von der Wichtigkeit des Versuchs einer psychotherapeutischen Unterstützung der schwangeren Adoleszentin bzw. des jungen Mutter–Kind-Paares mit dem primären Ziel, den Schutz zu gewähren, den beide brauchen, um Beziehung zueinander zu finden. Fraiberg (1982) stellt zur notwendig langfristigen Simultanbetreuung adoleszenter Mütter und ihrer Kinder als zentrale Aufgabe dar, dafür zu sorgen, dass die Adoleszentin die Signale ihres Babys hören und von ihren eigenen Bedürfnissen unterscheiden lernt, und ihr zu helfen, ihr Phantasiekind allmählich als reales Kind wahrzunehmen (vgl. Blos jr., 1985).

Die klinischen Daten zu den ehemals adoleszenten Müttern legen nahe, dass der Erfolg therapeutischer Bemühungen im einzelnen sehr von der Persönlichkeitsstruktur und der gegebenen psychodynamischen Konstellation zur Schwangerschaft abhängen wird. Gleichwohl muss man davon ausgehen, dass mit der leider häufig primär praktizierten «hilfsweisen» Trennung des Mutter-Kind-Paares bereits die wichtigste therapeutische Voraussetzung für beide vertan ist. Es gibt heute in den meisten geburtshilflichen Kliniken eine «Kinderwunsch-Sprechstunde» für erwachsene Frauen. Demgegenüber kommt der jungen Schwangeren bzw. der minderjährigen Mutter mit Baby noch eine vorwiegend bürokratische, keineswegs aber konsequent therapeutische Versorgung zu.

Literatur

Amendt, G.: Der neue Klapperstorch. Frankfurt, 1986.

Berger, M.: Erfahrungen zum Schwangerschaftsabbruch bei Minderjährigen. Z.Kinder-Jugendpsychiat. 12, 250-265, 1984.

Bibring, G.L., Dwyer, T.F., Huntington, D.S.: A study of the psychological process in pregnancy and of the earliest mother-child relationship. The Psychooanalytic Study of Child, 16, 9-45, 1961.

Black, C., De Blassie, R.R.: Adolescent pregnancy: Contributing factors, consequences, treatment, and plausible solutions. Adolescence, 20, 281-290, 1985.

Blos, P.: Praeoedipal factors in the etiology of female delinquency. The Psychoanalytic Study of the Child, 12, 229-249, 1957.

Blos, P.: Drei typische Konstellationen in der Delinquenz des Mädchens. Psyche, 17, 649-663, 1964.

Blos, P.: Die Funktion des Agierens im Adoleszenzprozess. Psyche, 18, 120-138, 1965.

Blos, P.: Adoleszenz. Stuttgart, 1973.

Blos, P. jr.: Intergenerational separation-individuation. The Psychoanalytic Study of the Child, 40, 41-56, 1985.

Brookes, J.G.: Pseudocyesis in a 6-year-old girl: Follow-up report at 23. J.Americ. Academy Child Psychiat., 24, 359-362, 1985.

Carlson, M.L., Laux Jauser K., Yeaworth, R.: An exploratory study of live-change events, social support and pregnancy decisions in adolescents. Adolescence, 19, 766-780, 1984.

Chasseguet-Smirgel, J.: Bemerkungen zu Mutterkonflikt, Weiblichkeit und Realitätszerstörung. Psyche, 29, 805-812, 1975.

Chasseguet-Smirgel, J.: The feminity of the analyst in professional practice. Int. J. Psycho-Analysis, 65, 169-178, 1984.

Cyran, W.: Teenager-Sexualität. Sexualmedizin, 6, 300-302, 1986.

Deschamps, J.-P.: Jugendliche und Schwangerschaft. Der Kinderarzt, 11, 1561-1564, 1980.

Deschamps, J.-P.: Die jugendliche Mutter und ihr Kind. Der Kinderarzt, 11, 1713-1714, 1980.

Deutsch, H.: Psychologie der Frau. 2 Bd., Bern, 2. Aufl, 1959.

Fraiberg, S.: The adolescent mother and her infant. In: Adolescent Psychiatry, Ed. by S. C. Feinstein, Vol. 9, New York, Chicago, 7-23, 1982.

Greenacre, Ph.: Special problems of early female development. The Psychoanalytic Study of the Child, 5, 122-137, 1950.

Heigl-Evers, A., Weidenhammer, B.: Die Freudsche Theorie der Entwicklung der weiblichen Persönlichkeit aus heutiger psychoanalytischer Sicht. Forum d. Psychoanalyse, 1, 201-222, 1985.

Jacobson, E.: Beitrag zur Entwicklung des weiblichen Kindwunsches. Int. Z. Psa., 22, 371-379, 1936.

Jacobson, E.: Development of the wish for a child in boys. The Psychoanalytic Study of the Child, 5, 139-152, 1950.

Jacobson, E.: Das Selbst und die Welt der Objekte. Frankfurt, 1973.

Jagenow, A., Mittag, O.: Weiblicher Kinderwunsch und Sexualität. Psychosozial, 21, 7-26, 1984.

Kestenberg, J.: On the development of maternal feelings in early childhood. The Psychoanalytic Study of the Child, 11, 257-291, 1956.

Kestenberg, J.: Children and parents. Psychoanalytic studies in developments. New York, 1975.

Kestenberg, J.: Regression and reintegration in pregnancy. In: Female psychology. Contemporary psychoanalytic views. Ed. by H.P. Blum, New York, 1977.

Kinard, E.M., Reinherz, H.: Behavioral and emotional functioning in children of adolescent mothers. Amer. J. Orthopsychiat., 54, 578-594, 1984.

Kuhn, W.: Schwangerschaftsabbrüche: Wie aussagekräftig ist die Statistik? Deutsches Ärzteblatt, 83, 1604–1606, 1986.
Landy, S., Schubert, J., Cleland, J.F.: Teenage pregnancy: a family syndrome? Adolescence, 18, 679–694, 1983.
de Mause, L., Hrsg.: Hört ihr die Kinder weinen. Eine psychogenetische Geschichte der Kindheit. 2. Aufl.,Frankfurt, 1982.
Merz, M.: Unerwünschte Schwangerschaft und Schwangerschaftsabbruch in der Adoleszenz. Bern, Stuttgart, Wien, 1979.
Moeller-Gambaroff, M.: Das emotionale Erleben von Generativität. Prax. Psychother. Psychosom., 29, 51–60, 1984.
Olson, C.F., Worobeym J.: Perceived mother-daughter relations in a pregnant and nonpregnant adolescent sample. 1984.
Petersen, P.: Retortenbefruchtung und Verantwortung. Mit Beiträgen von Ernst Benda und Eduard Seidler. Stuttgart, 1985.
Pajot, O.: La Maternité Adolescente. Adolescence, 2, 377–382, 1984.
Roosa, M.W.: Short-term effects of teenage parenting programs on knowledge and attitudes. Adolescence, 19, 659–666, 1984.
Sartre J.-P.: Saint Genet, Kommödiant und Märtyrer. Schriften zur Literatur, Bd. 4, Reinbek, 1982.
Scherpner, H.: Geschichte der Jugendfürsorge. Göttingen, 1966.
Scott, J.W.: The sentiments of love and aspirations for marriage and their associations with teenage sexual activity and pregnancy. Adolescence, 18, 889–897, 1983.
Sichtermann, B.: Ein Stück neuerer Weltlichkeit: Der Kinderwunsch. Freibeuter, 5, 37–46, 1980.
Silber, T.: Abortion in adolescence: The ethical dimension. Adolescence, 15, 461–474, 1980.
Simkins, L.: Consequences of teenage pregnancy and motherhood. Adolescence, 19, 40–54, 1984.
Spitz, R.A.: Vom Dialog. Stuttgart, 1976.
Stutte, H.: Kinder- und Jugendpsychiatrie. In: Psychiatrie der Gegenwart, Bd. 2,(Hrsg.): H.W. Gruhle, R. Jung, W. Mayer-Gross, M. Müller, Berlin, Heidelberg, 954–1076, 1960.
Warner, M.: Maria. Geburt, Triumph, Niedergang – Rückkehr eines Mythos? München, 1980.
Weber-Kellermann, I.: Die Familie, Geschichte, Geschichten und Bilder. Frankfurt, 1976.
Wiesse, J.: Zur Funktion der Regression in der Adoleszenz. Prax. Kinderpsychol. Kinderpsychiat., 32, 1–4, 1983.
Wolfenstein, M.: How is mourning possible? The Psychoanalytic Study of the Child, 21, 93–123, 1966.
Wyatt, F.: Clinical notes on the motives of reproduction. J. Social Issues, 23, 29–56, 1967.
Wyatt, F.: The psychoanalytic theorie of fertility. Int. J. Psa. Psychoth., 5, 568–585, 1975.

Einleitung zum Beitrag von R. Lempp

D. Bürgin

Zu den Spezifika, die für den Adoleszenten zur Aufgabe werden, gehört neben vielem anderem auch die Tatsache, dass er nun nicht nur mit einem Körper lebt, der die sexuelle Potenz des Erwachsenen enthält, sondern mit dem Erreichen der körperlichen Kraft des ausgewachsenen Menschen auch seine Eliminations- bzw. Tötungsimpulse einer Umsetzung in Handlung viel näher stehen als in der Kindheit. Dies insbesondere, da wegen der gesteigerten Triebaktivität eine relative Steuerungsschwäche des Ich vorliegt und der Adoleszente, um als soziales Individuum leben zu können, nun durch seine Entwicklung gezwungen wird, die Regulations- und Steuerungsmechanismen für aggressiv-destruktive Impulse dem erhöhten Triebdruck anzupassen. Seine massiv angehobene narzisstische Empfindlichkeit bringt ihn im sozialen Kontakt andauernd in Situationen der Kränkung, die eine stete Quelle von sekundärer Wut und Rage darstellen. Kleinigkeiten, wie z.B. genau betrachtet, photographiert oder durch sonstige Details gestört zu werden, können Anlass für heftigen Ärger geben. Subjektiv fühlen sich manche Adoleszente, die unter wesentlichen Störungen leiden, oft nicht krank, aber schlecht und gereizt-unzufrieden.

Viele intrapsychische und interpersonale Prozesse verlaufen in der Adoleszenz eruptiv, oft lust- und unlustvoll zugleich. Triebimpulse, vor allem die aggressiv-destruktiven Strebungen, überfluten leicht für kurze Zeit die Grenzen zur Handlung, wie Wildwasser bei Unwetter sich nicht an das vorgeformte Bachbett hält. In einem «passage à l'acte» werden, unter bestimmten situativen Bedingungen, Schwachstellen der Regulations- und Kontrollstrukturen durchbrochen, besonders wenn gerade keine vertrauten und bedeutungsvollen Erwachsenen zur Verfügung stehen, welche durch ein gewisses In-sich-aufnehmen von Spannung und durch ein standhaftes Limitensetzen und Aufrechterhalten der Realitätsprüfung eine Hilfs-Ich-Funktion ausüben. Gesunde Jugendliche sind im allgemeinen fähig, die Ressourcen der Aussenwelt als zeitweilige Unterstützung gegen Projektionen und zur Steigerung der Fähigkeit, emotionale Spannung in sich zu bewahren, zu benutzen. Sie verinnerlichen diese Funktion und setzen sie bei der Neu- und Umgestaltung ihrer intrapsychischen Organisation für sich ein. Liegt bei einem Jugendlichen eine hauptsächlich neurotische Struktur vor, so pumpt sich gleichsam die Innenwelt des Jugendlichen über längere Zeit hinweg aggressiv auf, der Jugendliche erscheint nach aussen zunehmend gereizt und führt die aggressive Spannung schliesslich durch eine szenische Gestaltung in der Phantasie oder durch eine entsprechende destruktive Handlung mehr oder weniger lustvoll ab. Oder er nützt den Dialog mit Gleichaltrigen oder Erwachsenen, um zu einer inneren Beruhigung zu gelangen. In Familien, in welchen aggressive Impulse anscheinend keine Existenzberechtigung haben, kann nicht selten eine transgenerationale Weitergabe solcher nicht interaktionell legierbarer und damit intrapsychisch und intrafamiliär abgewehrter Aggression festgestellt werden. Jugendliche aus Familien, die eine so geartete Struktur haben, sind äusserlich zumeist sozial gut angepasst, innerlich aber überhaupt nicht gewahr, dass sie auf das eruptive Hervortreten archaischer Impulse nicht genügend vorbereitet sind.

Reinhart Lempp beschreibt in seinem aus der forensischen Begutachtungserfahrung erwachsenen Beitrag eine Gruppe von jugendlichen Menschen, welche einen zeitlich sehr ausgestanzten Einbruch in ihre Persönlichkeit erlebt und in diesen Momenten Tötungsdelikte verübt haben. Auf den ersten Blick müssten sie als Grenzfall - neurotisch oder als psychotisch bezeichnet bzw. dem Borderline-Syndrom zugeordnet werden. Der Adoleszenz angemessener scheint aber eine dynamischere Beschreibung, da die Taten völlig unverständlich erschienen, im Widerspruch zu Lebensführung und Werthaltung standen, nicht lustbetont waren, sondern bestenfalls als Ausdruck panischer Abwehr verständlich wurden, in welcher das reale Opfer zum Substitut für intrapsychische, negativ aufgeladene Objektrepräsentanzen wurde. Es scheint bei diesen Jugendlichen (im Erwachsenenalter sind solche Eruptionen seltener) im Zuge eines plötzlich triebhaft aufgeladenen Reifungsschrittes zu einer massiven Regression auf ein präödipales Niveau mit umschriebenen Teilverlusten des Realitätsbezugs zu kommen. Die Pathologie solcher tragischer Beziehungskrisen ist weder unter die üblichen forensisch-psychiatrischen Rechts- und Schuldbegriffe befriedigend zu subsumieren noch unter die allgemeine psychiatrische Nosologie.

Die Borderline-Persönlichkeitsstruktur in ihrer Bedeutung für vom Täter selbst nicht erklärbare kriminelle Handlung

Reinhart Lempp

Eines Sonntagmorgens besucht ein 18-jähriger Schüler, der im Hause seiner alleinlebenden Grossmutter gleichsam zur Untermiete wohnt, diese im Stockwerk darüber. Er findet sie in der Küche vor. Nach seinen Schilderungen stand sie angeblich vor dem Herd. Er habe sie begrüsst und sei hinter sie getreten. Als sie sich dann nach ihm unwandte, habe sie ihn - so sein Bericht - so entsetzlich angesehen, dass er blindlings mit einem Küchenmesser mehrfach zugestossen und sie getötet habe. Nach Überwindung des ersten Schocks habe er das Wohnzimmer verwüstet, um einen Raubmord vorzutäuschen, habe sich in seiner Wohnung umgezogen, seine Kleidung in der Waschmaschine gereinigt und sich dann damit beschäftigt, dass er den Rasen mähte. So erwartete er die zur Mittagszeit zu Besuch kommenden Eltern, mit denen er zunächst zum Mittagessen wegfuhr. Bei ihrer Rückkehr ins Haus der Grossmutter entdeckte dann der Vater die tote Frau. Gegenüber der Polizei, die sehr schnell Verdacht schöpfte, weil sie seine nasse Wäsche im Schrank fand, leugnete er zunächst hartnäckig, gab aber dann die Tat zu, ohne ein Motiv nennen zu können.

Der 18-Jährige ist das zweite von zwei Kindern eines Zahnarztehepaares. Sein älterer Bruder studierte Theologie. Seine bisherige Entwicklung war völlig unauffällig. Es handelte sich um einen etwas kontaktschwachen introvertierten Jugendlichen, der noch nie irgendwelche Probleme geboten habe. Zwischen seinen Eltern und der getöteten Grossmutter mütterlicherseits bestand schon längere Zeit ein gespanntes Verhältnis, da sie ihrer Tochter, also der Mutter des Täters, die Heirat nie verziehen hat. Sie war eine alte, etwas seltsam und selbstsüchtig gewordene Frau. Der Enkel nahm sie aber immer gegenüber den Eltern in Schutz und bemühte sich um Vermittlung. Trotz der Spannungen besuchten die Eltern regelmässig die Grossmutter, und man «ertrug» sie gewissermassen. Auch die Eltern standen nach der Tat vor einem völligen Rätsel.

In der psychiatrischen Untersuchung wurde deutlich, dass der Jugendliche eine eher zwangsstrukturierte Persönlichkeit war, der übersorgfältig seine kleine Wohnung pflegte. In der letzten Zeit vor der Tat entwickelte er gewisse paranoide Vorstellungen, z.B., dass die Grossmutter nachts vor seinem Erdgeschossfenster stehe, weshalb er die Rolläden sorgfältig schloss. Auch glaubte er gehört zu haben, dass sie nachts in seine Wohnung kam - sie hatte einen Schlüssel -, was nach Urteil anderer Leute objektiv durchaus hätte möglich sein können. Es bestand bei ihm aber keinesfalls eine Wahngewissheit. Zur Tat selbst konnte er nur angeben, der Gesichtsausdruck der Grossmutter habe ihn so panisch erschreckt, dass er zugestochen habe.

Jedenfalls ergab die psychiatrische Untersuchung und Exploration nach der Tat keinerlei Hinweise mehr auf das Vorliegen einer psychischen Störung oder wesentlicher paranoider Inhalte, wenn man von einer allgemein autistoiden Persönlichkeit absieht.

Wir müssen davon ausgehen, dass offenbar schon einige Zeit vor der Tat der Realitätsbezug des Jugendlichen zu seiner Umwelt, insbesondere gegenüber der Grossmutter, labil geworden war und dass er in einer Art wahnhafter Verkennung ihres Gesichtsausdrucks gehandelt hat. Schon unmittelbar nach der Tat, als er einen Raubmord vortäuschen wollte, war der Realitätsbezug wieder stabil und geordnet. Die Tat selbst verdrängte er so weit, dass er sich innerlich zunächst nicht damit auseinandersetzen musste und seine Eltern bei ihm keinerlei Auffälligkeiten bemerkten, als sie ihn bald nach der Tat antrafen; eine Verhaltensweise, die von Kriminalpolizei und Staatsanwaltschaft regelmässig als besonders kaltschnäuzig und gefühllos interpretiert wird.

In meinem Beitrag zu dem von mir herausgegebenen Buch über die psychische Entwicklung und Schizophrenie habe ich über einen anderen, ähnlichen Fall berichtet. Ein 17-jähriger Schüler schlug ohne jedes erkennbare Motiv eines morgens auf seinen im gleichen Zimmer schlafenden, um ein Jahr jüngeren Bruder mit einer Fahrradpumpe ein und stach ihn dann mit mehreren Messerstichen in den Rücken. Auch auf die herbeieilende Grossmutter schlug er mehrere Male mit der Fahrradpumpe ein und verletzte sie. Sie flüchtete zu Nachbarn, die, ohne die Zusammenhänge zu ahnen, zu dem Jugendlichen kamen und ihn baten, doch die Sanitäter zu rufen, was er auch prompt tat, diese dann auch auf den verletzten Bruder hinwies und der Polizei gegenüber erklärte, er habe seinen Bruder töten wollen, wisse aber nicht warum. Bei ihm fanden wir nach einiger Zeit heraus, dass er sehr stark von Wildwest-Romanserien beeinflusst war, die seine Phantasie sehr stark beschäftigten. Es konnte explorativ nachgewiesen werden, dass er an diesem Morgen den Bruder, mit dem er aber sonst völlig problemlos auskam und zu dem keine Geschwisterrivalität bestand, mit einem Schurken aus seinen Wildwest-Geschichten identifizierte, aber nur für etwa 10 Minuten.

Ich könnte die Reihe durch andere eindrucksvolle Fälle fortsetzen, für die sich folgende Gemeinsamkeiten finden lassen: Die Taten sind nicht nur für die Umgebung, sondern auch für den Täter selbst völlig unverständlich. Sie stehen in einem bemerkenswerten Widerspruch zur bisherigen Lebensweise und Werthaltung des Täters. Alle Täter sind in ihrem bisherigen Leben nicht nur unauffällig, sondern in aller Regel in besonderem Masse sozial angepasst gewesen, insbesondere sind sie noch nie durch aggressive Handlungen in Erscheinung getreten. Die Täter können ihre Taten mit ihrer eigenen Werthaltung selbst in keiner Weise in Einklang bringen. Was sie noch verbindet, ist eine, soweit wir wissen, gute Sozialprognose.

Da sie ihre Tat nicht begründen können, also mit der Tatsache konfrontiert sind, dass sie etwas tun, was sie selbst aufs höchste missbilligen müssen, sind sie durch ihre Tat sehr stark beunruhigt und verunsichert. Sie laufen daher in besonderer Weise Gefahr, ihnen von aussen, insbesondere von der vernehmenden Kriminalpolizei, angebotene Tatmotive aufzugreifen und gewissermassen in Ermangelung eines Besseren zu akzeptieren. Da die Umgebung, insbesondere die Polizei, dazu neigt, von einfühlbaren Motiven, sei es aus ihrer polizeilichen Erfahrung, sei es aus ihrer persönlichen Motivlage, auszugehen, wird solchen Jugendlichen, je nach den Rahmenbedingungen, Rache, ein versuchter Raubmord oder eine versuchte Vergewaltigung unterstellt, alles gewissermassen normale und einfühlbare Motive, die aber bei näherer Nachprüfung gerade für diese jugendlichen und heranwachsenden Täter alle nicht stimmen. Dies der Polizei, der Staatsanwaltschaft und dem Gericht zu verdeutlichen, ist allerdings ausserordentlich schwierig, und man setzt dabei unter Umständen seine Glaubwürdigkeit als Gutachter verschiedentlich aufs Spiel.

Bei einer jungen 20-jährigen unverheirateten Frau, die vom Freund und Vater ihres Kindes im Stich gelassen worden war, aber in ihrer Familie gut integriert und akzeptiert war, und die eines Morgens, als sie im Begriff war, mit ihrem 7 Monate alten Säugling zum Arzt zu gehen, diesen durch mehrere kräftige Schläge auf den Kopf tötete, war auch für Polizei und Staatsanwaltschaft kein «normales» Motiv zu finden. Man behalf sich dann mit Vermutungen, das Kind sei ihr vielleicht doch zu viel gewesen, oder sie habe sich am Freund rächen wollen, alles Annahmen, für die sich sonst keinerlei Begründungen finden liessen. Sie selbst sagte, sie habe eben «durchgedreht».

Wir haben es also mit ausgestanzten, mehr oder weniger kurzen Zeitabschnitten zu tun, während welcher sich die Persönlichkeit der Betroffenen völlig gegenüber ihrem bisherigen Leben und Verhalten und auch gegenüber ihrer bisherigen Wertwelt verändert hat. Nach diesem Zeitabschnitt war jeweils wieder die alte, gewohnte, sozial angepasste, unaggressive und eher gehemmte, häufig etwas introvertierte Wesensart zu finden, natürlich oft überlagert von einer reaktiven Depression über die selbst nicht erklärbare und sie aufs Höchste beunruhigende Handlungsweise.

Würden die bei Verübung der Taten beobachteten psychischen Zustandsbilder persistieren oder wenigstens über eine längere Zeit bestehen bleiben, würde man im allgemeinen nicht zögern, eine schizophrene Psychose anzunehmen, um so mehr, als paranoide Symptome und paranoide Umweltverkennungen oft nachgewiesen werden können. Die kurze, oft nur nach Minuten zu zählende Zeitspanne und ihre Einmaligkeit hindern den an der klassischen Krankheitslehre orientierten Psychiater an einer solchen Zuschreibung. Auch die Diagnose einer Neurose kann das Zustandsbild nicht befriedigend erfassen, um so mehr, als auch mit allem Aufwand von projektiven Testuntersuchungen und mit der Analyse der biographischen Anamnese sich keine erhellenden Komplexbildungen, latenten Aggressionen und sonstige neurotischen Strukturen erkennen lassen. Neurotische Täter, die es durchaus gibt, verhalten sich in charakteristischer Weise nach der Tat anders als die hier geschilderten Fälle. Der neurotische Täter bestreitet seine Tat ganz hartnäckig und oft wider jede Vernunft, auch da, wo die objektiven Fakten eindeutig gegen ihn stehen, weil er seine Tat zwar vor sich selbst, aber nicht vor anderen bekennen will. Die hier beschriebenen jugendlichen und heranwachsenden Täter räumen ihre Tat in einer gewissen Ratlosigkeit vor dem eigenen Handeln entweder sofort oder nach kurzem, meist ungeschicktem Leugnen ein.

Gemeinsam mit Stefan Schröder haben wir versucht, einige ähnliche Fälle daraufhin zu untersuchen, wie weit sie mit dem Borderline-Syndrom in Verbindung gebracht werden können.

Frau Rohde-Dachser stützt sich auf Kernberg und meint, Borderline sei ein eigenständiges psychisches Krankheitsbild, das phänomenologisch im Grenzbereich von Neurose, schwerer Charakterstörung und Psychose angesiedelt ist, sich differentialdiagnostisch aber hinreichend genau von diesen nosologischen Kategorien unterscheiden lasse. Die diesem Krankheitsbild zugrundeliegende Ich-Pathologie resultiere aus dem Einsatz archaischer Spaltungsmechanismen und anderer, sich um die Spaltung gruppierender spezifischer Abwehroperationen zu defensiven Zwecken. Das Borderline-Syndrom stelle eine spezifische Lösungsstrategie für Konflikte im Bereich der Ich-Entwicklung dar, die sich genetisch umschreibbaren Störungen des

Lösungs- und Individuationsprozesses zuordnen lassen, wo Fixierungspunkte für eine spätere pathologische Ich-Regression entstehen, unter welcher das Borderline-Syndrom manifest werden könne. Die Borderline-Persönlichkeit sei durch folgende vier Merkmale charakterisiert

1. Eine bestimmte Symptomkonstellation mit frei flottierender Angst, bestimmten Formen polysymptomatischer Neurosen und einer präpsychotischen Charakterstörung.
2. Bestimmte Abwehrkonstellationen des Ichs, wobei vor allem das sogenannte «splitting» zu erwähnen ist. Auf dieser Spaltungstendenz und ihren pathologischen Folgeerscheinungen baut sich die Borderline-Struktur auf.
3. Eine spezifische Pathologie der Selbst- und Objektrepräsentanzen, insbesondere eine Durchlässigkeit der Grenzen der Selbstbilder und
4. Eine charakteristische Verdichtung von prägenitaler und genitaler Aggression, verursacht durch eine Traumatisierung in der oralen Phase.

So weit Kernberg bzw. Frau Rohde-Dachser.

Es kann hier offen bleiben, ob es sich bei dieser Persönlichkeitsstörung um eine persistierende Persönlichkeitsvariante über das ganze Erwachsenenalter hinweg handelt und wie weit es sich dabei um «Krankheit» handelt. Wir haben es hier durchweg mit Jugendlichen in der Pubertät und Nachpubertät zu tun, und es stellt sich zunächst für uns die Frage, wie weit wir es mit einer phasenspezifischen Störungsform zu tun haben. Hierfür spricht zum einen die Tatsache, dass – soweit wir dies bisher wissen und verfolgen können – die weitere psychische Entwicklung und die Verhaltensweisen dieser Jugendlichen keine Hinweise auf auffallende psychopathologische Veränderungen bieten und zum andern, dass, soweit mir bekannt, gerade solche Formen von Tötungsdelikten bei erwachsenen Tätern sehr selten sind.

Betrachten wir die Definition von Rohde-Dachser/Kernberg genauer, insbesondere das «splitting», dem allgemein eine zentrale Bedeutung beigemessen wird, dann ergibt sich auch hierfür, wie wir dies schon für die charakteristische Symptomatik der Schizophrenie festgestellt haben, eine völlige Entsprechung im Rahmen der normalen frühkindlichen Entwicklung. Auch das Kleinkind vermag weder bei sich noch bei seiner Umwelt gut und böse nebeneinander zu integrieren. Das Kleinkind ist genötigt, die «böse Mutter» abzuspalten und von der guten völlig zu trennen. Es spaltet aber auch seine eigenen, als böse apostrophierten Wünsche und Verhaltensweisen ebenso ab und überträgt sie nach Möglichkeit auf eine dritte, oft imaginäre Person. Die bekannte, diesen Vorgang unterstützende und darum hilfreiche Konstruktion der Erwachsenen kennen wir alle: «Der unartige Bub ist nicht mein lieber Peter. Dieser ist ja ganz anders. Diesen bösen Buben kenne ich gar nicht, das muss ein fremdes Kind sein.» Es liegt also nahe, beim splitting des Borderline-Syndroms eine Regression auf eine frühkindliche Stufe zu sehen. Auch Rohde-Dachser nimmt eine Persönlichkeitsstruktur an, die der letzten der Individuations- und Separationsphasen im Sinne von Margret Mahler, also etwa dem zweiten bis dritten Lebensjahr entspreche.

Alle andern als charakteristisch für das Borderline-Syndrom beschriebenen Symptome, wie die frei flottierende Angst, die multiplen Phobien, Zwangssymptome und Konversionssymptome, aber auch die dissoziativen Reaktionen und die Depressionen, sind meines Erachtens Folgezustände und Ausdruck von Versuchen der Abwehr inkompatibler Persönlichkeitsanteile. Schütze weist darauf hin, dass Jugendliche mit Borderline-Struktur dadurch auffallen, dass sie keinerlei Versuch machen, durch ihr eigenes Verhalten ihre Umwelt zu beeinflussen, sondern Konflikten mit der Umwelt immer nur auszuweichen versuchen.

Klosinski stellte der Borderline-Persönlichkeit die Psychopathologie und Psychodynamik der Pubertät, insbesondere der sogenannten Pubertätskrisen, gegenüber und sah die für die Borderline-Persönlichkeitsstruktur typische Symptomatik als Ausdruck einer phasenspezifischen «normativen Krise» in der Adoleszenz an. Der von Ernst Kretschmer stammende Begriff der Pubertätskrise ist allerdings weiter und wohl auch unspezifischer als das unter dem Begriff der Borderline-Struktur gefasste Syndrom. Nach Kretschmer sind «Pubertätskrisen» keine Psychosen, «sondern Reifungsschwierigkeiten der Persönlichkeit, mit starken soziologischen Ausstrahlungen». Er schildert in diesem Zusammenhang auch sogenannte «Kurzschlusshandlungen», plötzliche Affektkrisen mit zornmütigem Koller oder Selbstmordversuche oder triebhaftes Weglaufen, die er allerdings unter die neurotischen Reaktionen einordnet.

Jedenfalls legen die Erfahrungen mit Jugendlichen und Heranwachsenden nahe, dass es sich bei dem Borderline-Syndrom – möglicherweise durchaus neben einer lebenslangen dadurch gekennzeichneten Persönlichkeitsstruktur und Reaktionsneigung – auch um ein offenbar ziemlich häufiges charakteristisches, zeitlich begrenztes Phänomen handelt, das charakteristisch ist für die Pubertätszeit und die Zeit unmittelbar danach. Diese Phase klingt aber offenbar mit Erreichen des Erwachsenenalters, also etwa um das 20. Lebensjahr herum, wieder ab. Die hier geschilderten charakteristischen Aggressionshandlungen, die für die Betroffenen selbst in besonderer Weise schockierend sind, vermögen anscheinend diese Phase ziemlich abrupt zu beenden, möglicherweise gerade durch die erzwungene Konfrontation mit bislang unerkannten und absolut imkompatibel erscheinenden Persönlichkeitsanteilen. Bemerkenswerterweise benötigen diese Jugendlichen nach der Tat weniger eine tiefgreifende und aufdeckende Psychotherapie als vielmehr eine zeitlich befristete soziale Begleitung und Betreuung. Auf eine im einzelnen noch nicht bekannte Weise werden die betreffenden, ja meist normal oder sogar gut intelligenten, differenzierten und sozial angepassten Jugendlichen mit diesem Einbruch in die ihnen bekannte eigene Persönlichkeitsstruktur fertig, als einem Ereignis, das sie als zu sich selbst gehörend zwar akzeptieren, mit dem sie sich aber nicht identifizieren müssen. Sie tragen es gewissermassen wie ein Gepäckstück mit durchs Leben.

Betrachtet man die einzelnen Taten und die in ihnen zutage tretenden Reaktions- und Erlebnisweisen unter dem Gesichtspunkt des Realitätsbezugs, wie wir ihn entwicklungspsychologisch für die Interpretation des frühkindlichen Autismus wie auch der Schizophrenie herangezogen haben, dann erkennt man, dass mehr oder weniger plötzlich, oft mit längerer vorbereitender Phase, aber auch ohne eine solche, es zum umschriebenen Verlust des Realitätsbezugs kommt, und zwar umschrieben in Bezug zu einer bestimmten Person, nämlich des Opfers. Für die kurze Zeit der Tat vermögen offensichtlich die die Situation begleitenden Signale vorübergehend nicht mehr die Überstiegsfähigkeit herzustellen. Wir kennen solches Verhalten auch unter starkem begleitendem Affekt, wobei bei Affekttaten dieser Affekt und sein Aufbau bis zum überschwemmenden Dammbruch normalpsychologisch verständlich und qualitativ einfühlbar bleibt. Allenfalls quantitativ kann er sich dem Verständnis entziehen. Auch die Taten der hier unter dem Gesichtspunkt der Borderline-Struktur dargestellten Handlungen sind regelmässig von starkem Affekt begleitet. Dieser baut sich jedoch nicht auf, sondern ist plötzlich, meist auf einen auslösenden Reiz hin, sofort in voller Stärke da und lässt sich nicht aus der bisherigen Beziehung zu der Person des Opfers ableiten. Offensichtlich wird das Opfer Stellvertreter für ein meist in der Realität gar nicht existierendes Phantasieobjekt. Das auslösende Signal für den affektiven Durchbruch war bei dem eingangs geschilderten Schüler das als ausserordentlich erschreckend und bedrohlich verkannte Gesicht der Grossmutter. Bei dem Jungen, der seinen Bruder töten wollte, war dieser Stellvertreter für einen Schurken aus seinen Wildwest-Roman-Phantasien. Der Umgang mit Phantasien und Phantasiegestalten ist ein völlig normal psychologisches Phänomen. Wir alle haben solche Phantasien, gehen mit ihnen um, sprechen aber im allgemeinen nicht darüber – allenfalls als Analysand auf der Couch –, weil wir uns dieser Phantasien schämen, bzw. weil wir fürchten, ihretwegen für kindisch gehalten zu werden. Da wir stets und in jeder Situation in der Lage sind, diese Phantasien von der gemeinsamen, uns mit unserer Umwelt verbindenden Realität zu trennen, haben solche Phantasien keine Wirkung nach aussen. Nach innen dienen sie wahrscheinlich der psychischen Hygiene und entsprechen einer jederzeit greifbaren und wirkungsvollen emotionalen Entlastungsmöglichkeit.

Offenbar gibt es aber Entwicklungsphasen, in denen diese Trennung zwischen Phantasie – oder Nebenrealität, wie wir das bezeichnen – und der gemeinsamen Hauptrealität unsicher wird und die Grenzen zwischen diesen beiden Realitäten verschwimmen. Diese Unbestimmtheit und Unsicherheit lässt aber dann im kritischen Augenblick die Betreffenden den notwendigen und rettenden Überstieg zwischen den Realitäten versäumen.

Eine solche unsichere Trennung zwischen Nebenrealität und Hauptrealität ist im frühen Kindesalter normal. Für das Kleinkind haben seine Phantasien und Projektionen auf die Umwelt das gleiche Gewicht und den gleichen Wert wie die gemeinsame Realität, die erst im Laufe der kindlichen Entwicklung ein zunehmendes Übergewicht als eigentliche und «wirkliche» Realität erfährt, durchaus zu Lasten von Kreativität, Originalität und Individualität. Im Zuge dieser Entwicklung lernt das Kind den souveränen Überstieg und das Leben mit beiden Realitäten nebeneinander. Im Zusammenhang mit der Erörterung der Genese der Schizophrenie und des frühkindlichen Autismus haben wir auf die verschiedenen Faktoren hingewiesen, welche den souveränen Erwerb der Überstiegsfähigkeit beeinträchtigen und die Gefahr eines Verlustes begründen könnten. Es muss aber wohl davon ausgegangen werden, dass es auch an eine bestimmte Entwicklungsphase, d.h. an die Pubertät und Nachpubertätszeit, gebundene Unsicherheiten in der Abgrenzung dieser beiden Realitätsebenen gibt.

Vor kurzem wurde uns ein 13-jähriges Mädchen von der Mutter vorgestellt. Zunächst klagte die Mutter nur darüber, dass das Kind so viel lüge und ihr in verschiedenen Situationen nicht die Wahrheit sage. Dann berichtete sie aber auch von einem Ereignis, wonach das Mädchen in den öffentlichen Anlagen in Tübingen einem wesentlich jüngeren, ihr nur vom Sehen aus der Nachbarschaft bekannten kleinen Jungen plötzlich verbal aggressiv zusetzte, erklärte, sie sei von der weiblichen Kriminalpolizei, ihm seine Fahrradpumpe abnahm, obwohl sie dieselbe gar nicht benötigte und schliesslich die Armbanduhr des Jungen in den vorbeifliessenden Bach warf. Passanten riefen die Polizei. Dort konnte das Mädchen für seine Handlungsweise keinerlei Begründung angeben. Nach der psychologischen Untersuchung muss man ein enges symbiotisches Verhältnis zwischen Mutter und Tochter annehmen, aus dem die Tochter sich mit Hilfe einer Clique anderer Kinder und Jugendlicher lösen wollte, sichtlich aber unter starken Schuldgefühlen. In dieser Situation wich sie offenbar in eine Phantasiewelt aus, was aber nach aussen nur in diesem einen zeitlich ganz umschriebenen Vorfall zum Ausdruck kam.

Offenbar gibt es Persönlichkeiten bei Jugendlichen und Heranwachsenden, die im Zuge ihrer Reifungsentwicklung, der Ablösung von den Werten der Eltern und im Zuge der Ich-Findung auf eine frühere präödipale Entwicklungsstufe regredieren und dann unter im einzelnen noch unbekannten Bedingungen zu solchen umschriebenen Teilverlusten des Realitätsbezugs neigen.

Es ist anzunehmen, dass solche Teilverluste des Realitätsbezugs wesentlich häufiger sind, als wir wissen. Kommt es dabei nicht zu spektakulären Handlungen, wird der Betreffende selbst über einen solchen Vorfall schweigen oder seine Handlung schnell durch ein Pseudomotiv erklären, da es wohl ein recht unerträglicher Zustand ist, erleben zu müssen, dass man etwas tut, für das man selbst keinerlei Begründung hat. Ich denke aber, dass mancher Ladendiebstahl auch von Erwachsenen so begründet werden kann.

Wie schon gesagt, sind nach meiner Erfahrung Aggressionsdelikte, wie sie geschildert wurden, im Erwachsenenalter sehr selten. Im Rahmen meiner Gutachtertätigkeit habe ich jedoch eine Frau und Mutter zweier Kinder erlebt, die ohne jedes ersichtliche Motiv und auch für sie selbst völlig unerklärlich ihr erstes Kind als Säugling so sehr schlug und misshandelte, dass es mit Hirnverletzungen, Spastik und geistiger Behinderung in ein Heim aufgenommen werden musste. Da diese akute Hirnverletzung beim Kinde nicht als Folge einer Misshandlung erkannt wurde, erfolgte von der Umwelt keine Reaktion, bis dasselbe Ereignis beim zweiten Kind Verdacht erregte und es zur Anklage gegen die Mutter kam. Sie war völlig ratlos und berichtete mir, dass sie vor der Geburt des zweiten Kindes panische Angst gehabt habe, dass ihr dieses wieder passieren könnte. Sie vermochte allerdings von dieser Angst niemand etwas zu sagen, da auch ihr Ehemann völlig arglos war und beim unauffälligen Verhalten der Frau niemand eine Kindsmisshandlung als Ursache überhaupt in Erwägung gezogen hatte. Sie berichtete, dass sie das Schreien des Kindes nicht habe ertragen können und das zweite Kind extra ans andere Ende der Wohnung gestellt habe, um das Schreien nicht hören zu müssen. Schliesslich sei es aber doch passiert.

Die forensische Beurteilung solcher Taten, insbesondere solcher von Jugendlichen und Heranwachsenden versuchten und vollendeten Tötungsdelikten, erscheint mir ausserordentlich schwierig, da sie im Grunde in das vom Strafgesetzbuch und von der forensischen Psychiatrie zugrundegelegte Schema nicht einzuordnen sind. Im Rahmen des Jugendgerichtsgesetzes sollte die Schuldfrage weitgehend irrelevant sein, zugunsten der Erörterung aller für die gute soziale Integration notwendiger Massnahmen. Dass weniger das Jugendgerichtsgesetz als vielmehr die erkennenden Jugendgerichte immer weniger zwischen Prävention und Sanktion dem präventiven Charakter des Jugendgerichtsgesetzes zur Realisierung verhelfen wollen, darauf habe ich kürzlich auch unter Hinweis auf die hier erörterten Fälle hingewiesen (Lempp 1986). Präventive Massnahmen sind aber gerade bei diesen Jugendlichen, wie wir gesehen haben, eigentlich nicht erforderlich. Sie sind sozial gut integriert und können allenfalls durch eine Jugendstrafe aus ihren bisherigen guten Beziehungen herausgerissen und negativen Einflüssen ausgesetzt werden, was die Prognose nur verschlechtern kann. Andererseits ist ein Freispruch der Öffentlichkeit offenbar nicht zumutbar. Er wäre wahrscheinlich auch für die betreffenden Jugendlichen kaum akzeptabel. Sie wären aber nach meiner Erfahrung fast durchweg zu einem irgendwie gearteten Sühnedienst, zu irgendeiner Form der Wiedergutmachung ohne weiteres bereit. Immer wieder werde ich von ihnen mit Vorschlägen konfrontiert, sie möchten gerne mehrere Jahre schwerbehinderte Kinder pflegen, oder Ähnliches. Dies könnte tatsächlich ein sinnvoller Weg sein, den Jugendlichen ihre Verantwortung für sich selbst deutlich zu machen, sie aber vor charakterlicher und moralischer Abwertung freizuhalten, wie sie jeder Jugendstrafvollzug unvermeidlich mit sich bringt.

Aber auch die psychiatrische Zuordnung dieser Zustandsbilder ist zweifelhaft. Das Strafgesetzbuch kennt vier Möglichkeiten der Schuldunfähigkeit oder erheblich verminderten Schuldfähigkeit, nämlich eine krankhafte seelische Störung, eine tiefgreifende Bewusstseinsstörung, Schwachsinn oder eine schwere andere seelische Abartigkeit. Unter dem letzten, ausserordentlich unglücklichen Begriff werden schwere neurotische Fehlentwicklungen, insbesondere anhaltende Triebstörungen verstanden. Hierunter ist die Persönlichkeitsstörung der hier besprochenen Fälle nicht zu fassen. Konsequenterweise müsste man eine krankhafte seelische Störung annehmen, aber ebenso konsequenterweise müsste sie für die Tatzeit von nur wenigen Minuten oder Stunden eine Schuldunfähigkeit begründen. Gerade diese Schuldunfähigkeit kann aber weder von der Bevölkerung noch von den Tätern selbst akzeptiert werden. Wir stossen hier auf eine psychopathologische Veränderung der Persönlichkeit, die unter die gängigen forensisch-psychiatrischen Rechtsbegriffe nicht befriedigend zu subsumieren ist.

Sie ist aber auch im Grunde in die allgemeine psychiatrische Nosologie nicht einzuordnen. Konsequenterweise müssten diese kurzfristigen Episoden dem Formenkreis der Schizophrenie zugerechnet werden. Wir haben es uns jedoch zur Regel gemacht, von einer Schizophrenie nur dann zu sprechen, wenn das Zustandsbild hinreichend lange anhält und nicht nur eine Episode darstellt. Eggers spricht bei ähnlichen kurzfristigen psychotischen Bildern bei Kindern und Jugendlichen von Parapsychosen. Im Lehrbuch von Manfred Bleuler werden als «schizophrene Reaktionen» nur psychogene Zustände als Folge von psychischen Traumen bezeichnet. Er betont aber, es sei unklar, ob es sich hier um reine psychogene Störungen handle, die nur äusserlich mit der Schizophrenie Ähnlichkeit haben, oder um eine psychische Reaktion mit latenter Schizophrenie oder um eine psychisch ausgelöste Schizophrenie. Darüber, so schreibt Bleuler, werde man sich erst einigen, wenn das Wesen der Schizophrenie selbst und das Mass ihrer psychologischen Verständlichkeit geklärt sei. Aber auch bei Bleuler handelt es sich um längere Zustände, nicht nur um kurzfristige Episoden.

Es wird wieder einmal deutlich, dass die Dichotomie von Neurose und Psychose der klassischen psychiatrischen Lehre seit Kräpelin und die Dichotomie zwischen Erklärbarkeit und Verstehbarkeit von Jaspers, die von der Heidelberger Schule zum Axiom erhoben und für die Psychiatrie jahrzehntelang bestimmend wurde, eine Sackgasse gewesen ist, aus der kein Weg weiterführt. Das gilt vor allem für den Kurt Schneiderschen Krankheitsbegriff in der Psychiatrie, der Krankheit immer als etwas Fremdes, als eine erbliche oder von Aussen kommende Veränderung ansieht, die störend in den psychischen Ablauf eingreift. Ein solcher Krankheitsbegriff kann aber gerade bei den hier dargestellten Zuständen und Verhaltensweisen nicht befriedigen. Niemand wird die Betreffenden als krank bezeichnen wollen, sie selbst am allerwenigsten, niemand wird aber auch behaupten können, es handle sich um «normale» Verhaltensweisen oder um für ihre Taten jederzeit voll verantwortliche Persönlichkeiten.

Es erscheint dringend geboten, sich von der klassischen psychiatrischen Nosologie freizumachen, den Versuch zu beginnen, unvoreingenommen einen neuen Ansatz zu versuchen, der nach meiner Ansicht nur von einer weitgefächerten Entwicklungspsychologie ausgehen kann, die emotionale, kognitive, somatische und soziale Faktoren gleichermassen miteinbezieht. Die Kriterien Gesundheit und Krankheit greifen nicht. Das einzige verlässliche Kriterium ist das subjektive Leiden des Betroffenen oder das seiner Umgebung (Lempp 1985).

Literatur

Bleuler, M.: Lehrbuch der Psychiatrie. 11. Auflage, Springer, Berlin, Heidelberg, New York, 1969, p. 409.

Eggers, Chr.: «Präpsychotische» Zustandsbilder des Kindesalters. MSchr. Kinderheilk. 122: 859–866, 1974.

Kernberg, O.: Borderline personality organization. J.Amer.Psycho-Anal.Assoc. 15, 641, 1967.

Klosinski, G.M.: Zur Diagnose einer sogenannten Borderline-Persönlichkeitsstruktur in der Adoleszenz. Z.Kinder-Jugendpsychiat. 8: 18–40, 1980.

Kretschmer, E.: Psychotherapeutische Studien. Thieme Stuttgart, 1949, 127–138.

Lempp, R.: Die Schizophrenien als funktionelle Regressionen und Reaktionen. In: R. Lempp (Hrsg.): Psychische Entwicklung und Schizophrenie. Huber, Bern, Stuttgart, Toronto, 1984, 171–222.

Lempp, R.: Kinder- und Jugendpsychiatrie – Gegenwart und Entwicklung. In: R. Lempp und A. Veltin (Hrsg.): Aktion Psychisch Kranke: Kinder- und Jugendpsychiatrie – Eine Bestandsaufnahme. Tagungsbericht Band 12, Rheinland-Verlag Köln, 1985, 11–24.

Lempp, R.: Jugendliche Straftäter zwischen Prävention und Sanktion. MSchr.Krim. 69, 237–243, 1986.

Mahler, M. S.: Symbiose und Individuation. Band 1: Psychosen im frühen Kindesalter. 2. Auflage, Klett-Cotta, 1979.

Rohde-Dachser, Chr.: Das Borderline-Syndrom. 2. Auflage, Huber, Bern, Stuttgart, Wien, 1982.

Schneider, K.: Klinische Psychopathologie. 5. Auflage. Thieme Stuttgart, 1959.

Schröder, St. G.: Welche Bedeutung haben Borderline-Strukturen bei schweren Gewalttaten Jugendlicher und Heranwachsender? Inauguraldissertation Tübingen, 1985.

Schütze, G.: Die Bedeutung der Borderline-Persönlichkeitsstruktur in der Adoleszenz(?). In: R. Lempp (Hrsg.): Reifung und Ablösung. Huber, Bern, Stuttgart, Toronto (in Vorbereitung).

Einleitung zum Beitrag von W. Bettschart

D. Bürgin

Der Aufbau einer Beziehung zum eigenen Körper, zu sich als Person und zum bedeutungsvollen Anderen beginnt früh, d.h. spätestens mit der Geburt. Die modernen entwicklungspsychologischen Forschungen (z.B. von Klaus/Kennell, D. Stern, R. Emde, Papousek/Papousek etc.) zeigen auf, wie komplex der zugleich genetisch und interaktionell bedingte Dialog zwischen Neugeborenem und Mutter (bzw. betreuender Person) bereits ist. Die prägenitalen Erfahrungen der Symbiose und Individuation sind wirksame Muster für die Ausgestaltung der Objektrepräsentanzen in der dyadischen und der triangulären Beziehungskonfiguration, für die Besetzung des Körpers und für die Entwicklung der Selbstrepräsentanz. Die Strebungen der Objektliebe, des Narzissmus' und der aggressiv-destruktiven Impulse haben, unter dem Primat der jeweiligen Trieborganisation (oral, anal, phallisch, genital), ein eng miteinander vernetztes Schicksal. Dieses wird sowohl von den *interaktiv-interpersonalen Faktoren*, welche auf die grosse Bedeutung des jeweiligen zwischenmenschlichen Kontextes hinweisen, in dem ein Mensch lebt, als auch von den *bewussten und unbewussten Phantasien*, die als dynamische und strukturbildende *Faktoren intrapsychisch-individueller Art* in Erscheinung treten, in steter Wechselwirkung aus- und umgestaltet.

So weisen Krisen in der Adoleszenz, welche zumeist durch die Kräfte der somatischen Pubertät in Gang gesetzt werden, auf Problemfelder hin, welche neben den kontextuellen Einflüssen durch die Art der individuellen, im Austausch mit dem damaligen Kontext entstandenen, innerseelischen Lösungen bestimmt worden sind. Diese wiederum basieren auf den Strukturen der prägenitalen Entwicklung, den aus der sehr frühen Entwicklungszeit stammenden, intrapsychischen und interpersonalen Pathologien und Ressourcen.

Bei *Reifungskrisen* in der Adoleszenz stellt sich für den Psychotherapeuten stets die Aufgabe, diese von *pathologischen Krisen* abzugrenzen, welche weder vom Individuum noch von seiner Umwelt mehr aufgefangen werden können. Es ist gefährlich, sich dabei nur am Symptomenbild zu orientieren. Zur genaueren diagnostischen Abschätzung bedarf es einer vertieften Erfassung der Strukturen und Konfliktkonfigurationen von Individuum *und* Umwelt.

W. Bettschart beschreibt in seinem Beitrag die Probleme der *psychoanalytischen Psychotherapie* von Jugendlichen, welche sich in einer krisenhaften Situation befinden, und fasst die ersten 48 Sitzungen einer solchen Therapie (2 Stunden pro Woche) zusammen.

Was löst eine Therapie von Adoleszenten im Therapeuten aus? Er wird, will er den Adoleszenten und dessen Umgebung verstehen, in jedem Fall zumindest mit seiner eigenen Adoleszenz und dem damaligen krisenhaften Geschehen konfrontiert. Auch tut er gut daran, seine eigene Jugendzeit soweit aufzuarbeiten, dass er der Gefahr entgeht, Übergriffe in den sehr verletzlichen Bereich der Autonomieentwicklung des Adoleszenten vorzunehmen (taktvolle Respektierung altersentsprechender «Geheimnisse», ohne sie aber als tabuisierte Zonen ausklammern zu lassen), seine Gegenübertragung als Abwehr auszuagieren oder sich soweit in unbewusste Identifikationen mit dem Adoleszenten einzulassen, dass er sich unbemerkt mit ihm gegen die Eltern, oder umgekehrt mit den Eltern gegen ihn, verbündet.

Nicht selten (vor allem bei wenig verbalen, aber therapiefähigen Jugendlichen) bedarf es, ähnlich wie bei Kindern, zu Beginn einer psychoanalytischen Psychotherapie des Einsatzes averbaler Mittel (wie z.B Zeichnen, Gestalten). Auch das *analytische Psychodrama* (Therapeutengruppe mit einem Jugendlichen oder Gruppe von Jugendlichen mit einem Therapeuten) ist oft ein sehr geeignetes Instrument, um den psychotherapeutischen Prozess in Gang zu bringen, da es eine Elaboration von Problemen und das Aufzeigen von Ressourcen mittels der Zulassung von Illusion im Spiel (und der danach erfolgenden desillusionierenden Umsetzung in die Realität der therapeutischen Beziehung) erlaubt. Zuhören, Verstehen lernen, Antworten finden und die Neigung bremsen, selbst aktiver als nötig zu werden, gehören zu den Grunderfordernissen für die Gestaltung des Dialogs von der Seite des Therapeuten her. Der Therapeut muss auch stets der Tatsache eingedenk sein, dass Sprache, Gestaltung, psychodramatisches Handeln oder irgendein anderer Mediator für den therapeutischen Prozess sowohl förderlich als auch hinderlich werden können. Alles vermag, unter bestimmten situativen Bedingungen, entweder Widerstand oder Chance zu werden. Die Möglichkeit, die Dynamik des Beziehungsprozesses, welcher zwar bedeutend leiser und verhaltener als dieser in der eigentlichen Psychoanalyse verläuft, für sich nachzuzeichnen und dadurch deutend anzugehen, gestattet es dem analytischen Psychotherapeuten, die Orientierung über den therapeutischen Prozess, in den Wogen von Widerstand und Progression, jeweils wieder zu gewinnen, und eröffnet dadurch immer wieder frischen Raum für die Mitgestaltung des Therapieablaufes.

Lebt ein Jugendlicher mit einer schweren, krisenhaft verlaufenden Beziehungsstörung in einem sehr dysfunktionalen System, so bedarf es manchmal, damit Veränderungen der narzisstisch-funktionalen Beziehungsart und des symbolischen Ausagierens von Konflikten (z.B. mittels deliktischer Handlungen) zustande kommen können und damit ein therapeutischer Prozess entstehen kann, eines funktionalen Substituts für das dysfunktionale Beziehungssystem. Als solche Substitute können z.B. therapeutisch orientierte (Gross-)Familien, therapeutische Wohngemeinschaften oder therapeutisch orientierte Jugendheime fungieren. Die Stabilisierung des sozialen Kontextes und die Zusammenarbeit mit den entsprechenden Personen gehört in diesen Fällen zu den notwendigen Vorbereitungen des therapeutischen Settings.

Therapeutische Aspekte bei Reifungskrisen in der Adoleszenz

Walter Bettschart

> «So lösen sich in gewissen Epochen Kinder von Eltern, Diener von Herren, Begünstigte von Gönnern los, und ein solcher Versuch, sich auf seine Füsse zu stellen, sich unabhängig zu machen, für sein eigenes Selbst zu leben, es gelinge oder nicht, ist immer dem Willen der Natur gemäss» (J.-W. von Goethe: «Aus meinem Leben: Dichtung und Wahrheit», 2. Teil, 6. Buch).

Einleitung

Was sind Reifungskrisen? Sind diese krankhaft? Wie grenzen sie sich von der grossen klassischen Pathologie ab? Wie kann man ihnen vorbeugen, sie erkennen und behandeln? Diese und ähnliche Fragen sind erst im Laufe dieses Jahrhunderts aufgetreten. In früheren Zeiten war die Adoleszenz auf eine relativ kurze Zeit beschränkt. Sie begann mit der geschlechtlichen Reifung und endete nach den Initiationsriten von einigen Wochen oder Monaten im Erwachsenenalter. Die Umgestaltung unserer Gesellschaft, die Verlängerung der Schulzeit und der beruflichen Ausbildung gliedert nun die Adoleszenz in einen mehr oder weniger andauernden Lebenszyklus ein. Die Veröffentlichungen über die Adoleszenz haben, nicht nur im psychotherapeutischen und psychiatrischen Gebiet, einen ganz gewaltigen Umfang angenommen. Als ein grundlegendes Werk muss auch heute noch die Arbeit von A. Aichhorn (1925) angesehen werden. Meine klinischen Ausführungen lehnen sich an P. Blos (1962) und M. Laufer (1981, 1984) an. Von den vielen Autoren, die Wesentliches zum Verständnis des Jugendalters beigetragen haben, soll hier nur der Name von E. Kestemberg (1962) erwähnt werden, deren therapeutische Arbeiten neue klinische und theoretische Wege zum Jugendlichen ermöglichen.

Die seelischen Nöte, das sprunghafte und unerwartete Verhalten vieler Jugendlicher stellen nicht nur Theorien, sondern auch Therapeuten auf harte Proben. Die Persönlichkeit des Therapeuten und seine Selbsterfahrung spielen eine wesentliche Rolle, sind aber ohne Beherrschung der Technik ungenügend. Die therapeutische Begegnung mit Adoleszenten stellt für den Psychotherapeuten ein besonderes Erlebnis dar. Dies hängt mit den Besonderheiten dieses Alters zusammen, aber auch mit den Gefühlen und Erinnerungen, die die Problematik des Jugendlichen in uns Therapeuten wachruft. Probleme der Übertragung und Gegenübertragung stellen sich massiv in den ersten Minuten der Begegnung ein: sie beeinflussen und leiten die Beziehung. Die Forderungen des Jugendlichen sind widersprüchlich: er will gar nicht verstanden werden, fühlt sich aber verletzt, wenn man sich nicht um ihn kümmert. Er sucht Distanz und Einfühlung. Verschwiegen und zurückgezogen, oder herausfordernd und aggressiv, verlangt er Geduld und Verständnis des Therapeuten. Der Therapeut läuft Gefahr, in der Widersprüchlichkeit und im Chaos der Gefühle und Empfindungen, im «Sturm und Drang», unterzugehen. Der Adoleszente lässt sich in kein Schema zwängen, weder in der Therapie, noch im täglichen Leben. Und trotzdem, oder gerade deshalb, braucht er beschützende Kräfte im Sinne des Holdings (Winnicott, 1958) und Beziehungspersonen, so wie der Therapeut sich immer wieder seine Gegenübertragung und das theoretische Verständnis erarbeiten muss. Die Bezugsperson muss dem Jugendlichen zur Verfügung stehen, wenn er die Notwendigkeit der Begegnung fühlt. Es ist daher oft schwierig, ja sogar unmöglich, wenigstens am Anfang der Behandlung regelmässige Sitzungstermine festzulegen.

Die biphasische Pubertät

Die biologische Entwicklung der Adoleszenz stellt keinen Bruch mit der Vergangenheit dar, da sie die ödipale Phase nach der Latenzzeit wieder aufnimmt. Es wird heute für diesen Vorgang der Begriff «Neotenie» verwendet, der 1885 in Basel zum ersten Male von J. Kollmann in der Biologie der Froscharten und der Axolotl verwendet wurde («Neotenie»: «Neu» und «Halten»: Fortbestand primitiver Strukturen bei sexuell reifen Individuen). Im heutigen Sinne bezeichnet die Neotenie die «doppelte Pubertät». Der biologische Entwicklungsaufschub am Ende der ödipalen Phase kann nur beim Menschen beobachtet werden. In biologischer und psychologischer Hinsicht wird die erste Pubertätsphase im Alter von 5 bis 6 Jahren durch die Latenzzeit unterbrochen und erst mit 11 bis 12 Jahren weitergeführt (P.-A. Gloor, 1986). S. Freud (1952) weist in der mehrmals überarbeiteten Arbeit: «Drei Abhandlungen zur Sexualtheorie» auf diese Eigenheit der menschlichen Entwicklung hin. Er widmet ein Kapitel seiner Arbeit der biphasischen Entwicklung («Die sexuelle Latenzperiode der Kindheit und ihre Durchbrechungen») und schreibt in der Zusammenfassung: «Die Tatsache des zweizeitigen Ansatzes der Sexualentwicklung beim Menschen, also die Unterbrechung dieser Entwicklung durch die Latenzzeit, erschien uns besonderer Beachtung würdig. Sie scheint eine der Bedingungen für die Eignung des Menschen zur Entwicklung einer höheren Kultur, aber auch für seine Neigung zur Neurose zu enthalten. Bei der tierischen Verwandtschaft des Menschen ist unseres Wissens etwas Analoges nicht nachweisbar. Die Ableitung der Herkunft dieser menschlichen Eigenschaft müsste man in der Urgeschichte der Menschenart suchen». Freud hat den Begriff der Latenzperiode von W. Fliess (1896) übernommen.

S. Ferenczi (1964) kommt mehrmals auf die Bedeutung der biphasischen Pubertät zurück, besonders in den Arbeiten «Über obszöne Worte, Beitrag zur Psychologie der Latenzzeit» (1911) und «Männlich und Weiblich» (1923). Diese für den Menschen typische Entwicklung ist von wesentlicher Bedeutung für das Verständnis des Adoleszenten und für den therapeutischen Zugang. Die Adoleszenz schreibt sich in die persönliche Geschichte ein; sie wird weitgehend durch die Ereignisse und Erlebnisse der ödipalen Phase sowie durch die Möglichkeit des Individuums, eine relativ ungestörte Latenzphase zu erleben, beeinflusst. Von diesen Überlegungen her können wir auch das enge Ineinandergreifen biologischer und psychologischer Faktoren verstehen, sowie die Möglichkeit neuer Verarbeitung von inneren Konflikten der ödipalen Phasen.

Die zwei Etappen der Reifung

Es scheint mir von der klinischen Beobachtung und dem therapeutischen Verständnis her angebracht, zwei Abschnitte in der Adoleszenz zu unterscheiden: die erste Periode, von 13 bis 15/16 Jahre, entspricht etwa dem Ende der offiziellen Schulzeit; die zweite reicht von 15/16 bis ca. 20 Jahre. Ganz kurz zusammengefasst kann man sagen, dass die erste Phase eher durch Rückzug, Introversion, depressive Verstimmung, Unlustgefühle, Selbstzweifel, die zweite Phase mehr durch Aktivität, extraversive Merkmale sowie das Erwachen eines neuen Selbstwertgefühles gezeichnet ist. Die treibende Kraft ist die körperlich-biologische Entwicklung: in der ersten Phase wird der Jugendliche von seinen neuen körperlichen Kräften, seinen Empfindungen, Phantasien, Wünschen und Lustgefühlen überrascht; er ist erstaunt, ja sogar ängstlich, er weiss noch nicht, wie er mit diesen neuen Kräften umgehen kann. Die sexuelle Entwicklung der ödipalen Phase wird wieder aufgenommen, aber unter anderen physiologischen Bedingungen.

Vor der Latenzphase waren Inzestverbote und anatomisch-physiologische Unmöglichkeit identisch. Der Jugendliche entdeckt nun, dass Verbotenes dank der körperlichen und sexuellen Reifung möglich wird. Der Inzest bleibt verboten, wird aber in der Realität möglich. Bei fehlender symbolischer Verarbeitung und mangelnder Entwicklung der psychischen Repräsentanz kann der Jugendliche nur mit Handeln auf die Erregung antworten. So verlässt Ödipus in panischer Angst das Königspaar Polybos und Merope in Korinth, seine vermeintlichen Eltern, um die Realisation seiner männlichen Wünsche und Fähigkeiten zu vermeiden. In dieser zweiten Phase sind oft ein maniformes Überschäumen, ein Überborden von Energie und eine Ausweitung und Steigerung der narzisstischen Aktivitäten ins Grenzenlose zu beobachten.

Beziehungs- und Reifungskrisen in der ersten Phase werden häufig nicht bemerkt, da sie still, man könnte fast sagen unterschwellig, verlaufen. Bettelheim (1976) hat für das Verständnis der Adoleszenz auf das Märchen von Dornröschen zurückgegriffen. Die Erzählung scheint mir für die erste Adoleszentenphase typisch zu sein. Der Schlaf von Dornröschen, der Rückzug und das Wachstum der Dornenhecke betrachtet Bettelheim als Reizschutz, der nicht nur passiven Charakter hat, sondern aktiv jedes Eindringen verhindert. Die Königssöhne, die versuchen, vorzeitig in das Schloss einzudringen, kommen ums Leben: «Es war ihnen aber nicht möglich, denn die Dornen, als hätten sie Hände, hielten fest zusammen, und die Jünglinge blieben darin hängen, konnten sich nicht mehr losmachen und starben eines jämmerlichen Todes». Viele Eltern und Therapeuten sind daran gescheitert, dass sie zwei wesentliche Elemente, die hier deutlich zum Vorschein kommen, vergessen: die Anerkennung des physischen, psychischen und affektiven Lebensraumes des Jugendlichen und die Achtung und Unantastbarkeit seines oder seiner Geheimnisse. Die psychische Arbeit, die der Jugendliche bewältigen muss, ist die Schaffung und Gestaltung eines neuen Lebensraumes. Bis zu diesem Alter wurde dieser vor allem von den Eltern und, ausserhalb der Familie, von der Schule bestimmt. Die Gestaltung und Besetzung des Lebensraumes geht von unserem Körpergefühl aus. Der Körper hat eine räumliche Ausdehnung, Form und Gestalt; er ist Ort der Affekte und Gefühle. Die körperliche Reifung, die Veränderung des Körpers, verlangt ein neues Identitätsgefühl, ein neues Körper-Ich. Dieses drückt sich überall aus, nicht nur in der Bekleidung, im Haarwuchs, in der Lebensart, in neuen Freundschaften, sondern auch in der Eroberung, in der Besitznahme des Raumes. Es handelt sich dabei nicht um eine Spielerei. Der Körper, das psychische und somatische Selbst sowie die Umgebung, die der Jugendliche schafft, sind narzisstisch besetzt. Der Psychotherapeut wird daher diesen physischen, psychischen und affektiven Lebensraum nur mit grösster Vorsicht betreten. Mit anderen Worten, er wird das aufgreifen, was der Jugendliche ihm anbietet, und dort eintreten, wo ihm gewissermassen der Jugendliche selbst die Türen öffnet. Unsere Vorsicht wird häufig von den Eltern missverstanden, da sie erwarten, dass wir dem Adoleszenten ein neues Leitbild geben, ihn «aufrütteln», ihn aktiv führen.

Eine weitere Eigenheit des Jugendlichen kommt in dem Märchen zum Ausdruck: die Wahrung der Geheimnisse, der Geheimnisse im täglichen Leben oder dem Therapeuten gegenüber. Auch die Bewahrung der Geheimnisse hat einen narzisstischen Charakter; Geheimnisse grenzen ab; der Verlust der Geheimnisse ist wie der Verlust eines Teils des Ich.

Ich möchte an dieser Stelle eine kurze Vignette aus einer Therapie darstellen: ich hatte während mehrerer Monate ein hübsches, hochintelligentes Mädchen wegen Schulversagens und depressiver Verstimmung in Psychotherapie. Die 14-jährige Jugendliche sprach in der Therapie sehr wenig. Das Schweigen hatte aber keinen verstockten, verbissenen oder oppositionellen Charakter, es war eher ein stilles Zusammensein. Zu Beginn der Stunde sagte ich häufig, in etwas traditioneller Weise: «Wovon möchtest du heute sprechen?» und die Antwort der Jugendlichen war: «Von allem, ausser meinen Geheimnissen». Sie sagte mir, dass sie hie und da mit ihrer Freundin von ihren Geheimnissen spreche. Ich weiss nicht, ob und welche Geheimnisse bei ihr bestanden haben, sie hat mir diese nie mitgeteilt. So wie sie mir gegenüber Leben und Erleben geheim halten wollte, hielt sie es auch gegenüber ihrer Familie. Vor der Behandlung «erlaubte» es sich die Jugendliche, sich wegen der Schulschwierigkeiten einer Intelligenzprüfung sowie einem Rorschach-Test zu unterziehen. Sie weigerte sich aber immer, dass den Eltern die Ergebnisse mitgeteilt würden; sie wollte dies selbst tun. Sie scheint es aber nie gemacht zu haben. In diesem Sinne ging sie mit mir einen geheimen Bund ein, putzte sich für die Behandlungsstunden besonders schön auf, sprach kaum von ihren Problemen und verbot mir jeden Kontakt mit den Eltern. Ich versuchte, mit ihr die narzisstischen Allmachtsgefühle zu verstehen und zu verarbeiten, ohne Erfolg. Nach einer relativ kurzen Behandlung von einigen Monaten erklärte mir die Jugendliche, dass alles gut gehe, dass sie nicht mehr zur Behandlung komme. Sie werde ihren Eltern ihre Entscheidung selbst mitteilen. Ich erfuhr später, dass es dem Mädchen gut ging, dass es gute Schulleistungen aufwies und wieder soziale Beziehungen aufgenommen hatte, indessen sich weiterhin gegenüber ihren Eltern und der Schwester sehr aggressiv zeigte. Die Geheimnisse, oder die sogenannten Geheimnisse, erlaubten dieser Jugendlichen, die notwendige Distanz gegenüber der Familie und dem Therapeuten zu bewahren. Sie gestattete sich, sich schön, verführerisch und in ihrer weiblichen Identität zu zeigen, da die aufgebauten Barrieren ihr ermöglichten, sich unantastbar zu fühlen und ihre Gefühle zu verbergen. Die Schwierigkeit einer solchen Behandlung liegt einerseits in der Gegenübertragung des Therapeuten, zunächst in der Frustration, wenig über das psychische Leben und Erleben der Jugendlichen zu wissen, dann sich der Manipulation der Jugendlichen preiszugeben, und andererseits in seiner schwierigen Rolle den Eltern gegenüber, die ihrerseits die Therapie veranlasst haben und sie auch bezahlen.

Die therapeutischen Möglichkeiten werden zu häufig versäumt

Beziehungskrisen in der Adoleszenz sind häufig, die Symptomatologie ist vielfältig und uneinheitlich. Sie können Ausdruck von vorübergehenden Reifungskrisen sein oder verschiedene psychische Krankheiten verbergen. Es scheint mir, dass dem Jugendlichen im allgemeinen zu wenig therapeutisch geholfen wird. Eltern, Lehrer und auch Therapeuten nehmen an, dass es sich um einfache «Krisen» handelt, oder auch um «normale» Jugendschwierigkeiten. Viele Jugendliche und Erwachsene leiden während Jahren darunter, dass man den Augenblick zu einer Behandlung verpasst hat. Man könnte gegen ein therapeutisches Eingreifen einwenden, dass es sich meistens um keine Pathologie im Sinne eines Entwicklungseinbruches (break-down) handelt. Indessen können gerade in der ersten Adoleszenten-Phase die Entdeckung und die Behandlung der Reifungskrisen, die durch soziale, affektive und intellektuelle Hemmungen gekennzeichnet sind, eine wesentliche Bedeutung bekommen. Diese Störungen verlaufen schleichend. Da es sich um keine «lärmende» Pathologie handelt, sich kein Bruch in der Entwicklung darstellt, werden diese Krisen häufig nicht erkannt. Es handelt sich um eine besonders perniziöse Form der Reifungskrisen. Das repetitive Versagen und die Misserfolge führen zu immer schwereren narzisstischen Kränkungen; wir begegnen schliesslich Jugendlichen, die in der zweiten Adoleszenten-Phase mit einem Entwicklungszusammenbruch oder als Delinquente in Erscheinung treten. Es soll hier nur kurz das typische Bild, das ich als *Transitionsdepression* bezeichnet habe, erwähnt werden. Viele Jugendliche haben in der ersten Phase bedeutende Schwierigkeiten, auf die libidinös besetzten Objekte zu verzichten. Die Entwicklung zwingt sie indessen, auf ihren bisherigen Körper, ihre gewohnte psychische Aktivität und viele ihrer Beziehungen und Beziehungsmodalitäten zu verzichten. Der Jugendliche erlebt dies als Verlust; er wird verstimmt, depressiv, oft einsam und versagt in der Schule. Der Verzicht auf die Kindheit und die kindlichen Beziehungen mit den Eltern fällt nicht leicht. Es scheint mir, dass es sich um ein relativ häufiges Syndrom handelt, das therapeutisch angegangen werden sollte, da es oft mit intellektuellem Hunger und schulischem Versagen einhergeht.

Die häufig vertretene Meinung, dass das Jugendalter nicht zur Therapie geeignet sei oder dass die Schwierigkeiten des Jugendalters spontan ausheilten, hat sich nicht bestätigt. Es liegt an uns, die Therapieform anzubieten, die vom Jugendlichen angenommen werden kann, und mit ihm ihre Modalitäten zu besprechen. Wenn man zuhört, ist der Leidensdruck vieler Jugendlicher gross. Er kann sich aber nicht immer in Worten ausdrücken, sondern sucht andere Wege. Diese manifestieren sich häufig als Störungen im sozialen Verhalten, aber auch in funktionellen, psychosomatischen Bereichen, in psychischen und somatischen Regressionen und in Hemmungen.

Kurzer Bericht über den Beginn einer Adoleszententherapie

David ist nicht ganz 17-jährig, als wir uns zum ersten Mal im Rahmen eines Erziehungsheimes für Jugendliche treffen. Er hat verschiedene Einbruchdiebstähle begangen: im Laufe einiger Monate «besuchte» er verschiedene Chalets, wo er sich mehr oder weniger lang aufhielt. Der Grund der psychiatrischen Untersuchung lag vor allem in seinem selbstzerstörerischen Verhalten: er bot sich den anderen Kameraden als Opfer an. Gleichzeitig litt er unter einer schweren Onychophagie.

David verlor 4-jährig seine Mutter; er verbrachte seine Kinder- und Jugendzeit in verschiedenen Heimen, mit Plazierungsversuchen bei seinem wiederverheirateten Vater und anderen Mitgliedern der Familie. Aber schon vor dem Tode seiner Mutter war er häufig hospitalisiert. Verschiedene Versuche, eine Lehre zu beginnen, scheiterten.

David kam immer pünktlich zu den Gesprächen, schwieg häufig, zeigte sich aber aktiv, sobald er zeichnen oder modellieren konnte. Alle meine Interventionen nahm er ohne Widerspruch auf. Er war immer mit allem, was ich sagte, einverstanden.

Im Heim wurde er als «amorpher» Jugendlicher bezeichnet, der sich seinen Kameraden und der Autorität widerspruchslos fügte, sich nirgends besonders einsetzte und keine besonderen affektiven Beziehungen zeigte. Seine Familie, auch sein Vater, kümmerte sich praktisch nicht um ihn.

Nach einigem Zögern entschloss ich mich, David eine Psychotherapie mit zwei Sitzungen pro Woche vorzuschlagen, dies vor allem aus folgenden Gründen: David hatte im Laufe der Untersuchung viel Zeit für eine spontane Zeichnung (vgl. Fig. 1, nach S. 64) verwendet. Sie stellte das Ende der Welt dar: vorne rechts, auf dem Bauch liegend, den Kopf in die Erde gedrückt und die Ohren zuhaltend, lag ein Jugendlicher; im Hintergrund war die ganz flach gezeichnete Erde mit Kratern durchsetzt, die Feuer und Asche spuckten. Oben in der Mitte schwebte ein grosser schwarzer Vogel, den David als «reiner Geist, der alles Unreine zerstört», bezeichnete. Die Ausdruckskraft dieser Zeichnung, die Ohnmacht und Angst Davids und das vollständige Preisgegebensein an die irdischen und himmlischen Mächte berührten mich tief. Das innere Erleben Davids stand ganz offensichtlich im Widerspruch zu seinem Verhalten, oder das Verhalten war der Ausdruck seines totalen Verzichtes auf alle Hoffnung. Das idealisierte Über-Ich vernichtete alles Schlechte, auch ihn.

In den ersten 48 Therapie-Stunden, die meist schweigend verliefen, schuf David in minuziöser Arbeit 18 Zeichnungen. Zunächst eine Gemse, die thronend das Rhone-Tal dominierte, dahinter rundliche Gebirge, zu zweien zusammengefügt, die mit ihren bräunlichen Gipfeln an weibliche Brüste erinnerten. David sagte nur, dass ihn dies an die Zeit seiner Einbruchdiebstähle im Wallis erinnerte. Ich verzichtete, wie während der initialen Phase der Behandlung, auf Interpretationen, da es mir wichtig erschien, dass David in der Beziehung zu mir nicht durch meine Interventionen beeinträchtigt oder gehemmt würde. Solange sich David in der therapeutischen Beziehung produktiv zeigte, schien es nicht notwendig, dass der Therapeut anders als unterstützend eingriff. Man kann sich auf Grund dieser Zeichnung vorstellen, dass der Fluchtversuch mit Einbruchdiebstählen für David einen symbolischen Charakter hatte, indem er in den Chalets suchte, was er nie hatte, vor allem seine Mutter.

Die Zeichnung (Fig. 2, vor S. 65) stellte ein Panzerfahrzeug in einem Schlachtfeld dar. Als ich eine Bemerkung im Sinne von Kraft und Allmachtsgefühlen machte, sagte David sofort, dass es sich nicht darum handle, sondern dass das Panzerfahrzeug Schutz biete. Dies kam dann auch in der nächsten Zeichnung zum Ausdruck, die ein mächtiges, düsteres, verschlossenes und uneinnehmbares Schloss darstellte. Im weiteren zeichnete David dann Skispringer, ein einsames Chalet, ein Unterseeboot, ein Rennauto, usw., alles immer allein, ohne jegliche Beziehung, statisch und unnahbar. Die wenigen verbalen Äusserungen bezogen sich alle auf Schutz, Sicherheit und die Unmöglichkeit, sich anzunähern, sei es nun das U-Boot, das Chalet, der Rennwagen oder das Flugzeug.

Beim Zeichnen machte David Bemerkungen über die Vorkommnisse im Heim. In der 23. Sitzung sagte er, dass er zu niemandem Vertrauen haben könne, auch nicht zu mir. Schon als kleines Kind war er in einem Säuglingsheim untergebracht worden, weil die Mutter krank war. Der Vater brachte ihn morgens hin und holte ihn am Abend. Nach dem Tod seiner Mutter wurde er in ein anderes Heim plaziert, wo es ihm gut gefiel. Eines Tages kam der Vater mit einer neuen Frau und sagte ihm: «Das ist deine Mutter». Er erinnerte sich aber, dass diese Frau nicht seine Mutter war, und so hat er sie nie angenommen. Er erinnerte sich an seine Mutter vielleicht nicht wirklich, sondern nur wegen eines Photos, auf welchem er sich am See befand und auf dem Schoss seiner Mutter sass.

Nach dieser Sitzung wollte er alle seine Zeichnungen sehen. Er war sehr froh, dass diese noch da waren. Als ich ihm sagte, er befürchte, sie seien verschwunden wie seine Mutter, sagte er mir, er habe gehofft, dass er diese alle nicht umsonst gemacht habe. In den folgenden drei Stunden begann David schweigend, einen Frauenkopf zu zeichnen. Er fand dies sehr schwierig, radierte immer wieder und versuchte, die Zeichnung zu verbessern. Er sagte, wie schwierig es sei, einen Frauenkopf zu zeichnen, dass er aber immer wieder Frauen beobachte und zu erraten versuche, was sie denken würden. Er fühle sofort, wenn sie sich nicht für ihn interessierten. Übrigens liessen ihn die Mädchen sofort fallen, wenn er sich nicht für sie interessiere. Wir sehen hier deutlich die Angst, verlassen zu werden, wenn er sich nicht an die Anderen anpasst. Nach diesen düsteren Stunden, in denen David versuchte, das Gesicht einer Frau, wohl seiner Mutter, in meiner Gegenwart wachzurufen, stellte er, farbenfreudiger, einen muskulösen, männlichen Zyklopen dar: die Augen sind geschlossen, die Mitte der Stirn ist von einem grossen Auge ausgefüllt. Es handelt sich um eine narzisstische Darstellung, die aber auch eine Missbildung des Gesichts darstellt. Der Zyklop, Riese, gefürchtet und gefährlich, ist auch allein, ausgeschlossen. Eine Änderung erscheint in einer Zeichnung der 39. Sitzung: David sitzt als Schüler allein in einer Bank; er erhebt abwehrend beide Arme gegenüber einer Lehrerin, die ihn mit einem grossen Stock bedroht. Die letzte Zeichnung, in der 48. Stunde, stellt einen Jugendlichen in einer einsamen Gegend dar, der sich sitzend, den Kopf in den Händen, an einen Baum lehnt. Damit hört das bildnerische Schaffen des Jugendlichen auf. Von dieser Stunde an verbalisiert David seine Probleme. Es handelt sich um den Eintritt in eine depressive Phase, mit immer wieder der gleichen Thematik: «Wem kann ich vertrauen?», «Kann ich mir selber vertrauen?» Wenn er mir zu viel erzählte, würde ich zu mächtig, denn ich wüsste alles von ihm.

Es geht gleichzeitig um die ganze Frage der Individuation und der möglichen Identifikation. Die Probleme der Trennung werden erst Monate später aufgeworfen.

Die Therapie dauerte mehrere Jahre. Sie war möglich dank der Zusammenarbeit der Heimerzieher und des Lehrmeisters. David konnte seine Ängste immer besser verarbeiten und musste sie weniger im Handeln abreagieren.

Alte und neue Identität

Reifungskrisen in der Adoleszenz schreiben sich in die normale Entwicklung ein. Wir sind eher beunruhigt, wenn solche Krisen ausbleiben. Die Beziehungskrisen werden häufig mit der lapidaren Formulierung zum Ausdruck gebracht: «Du hast dich verändert». Damit ist die Frage des Fremd- und Selbstbildes aufgeworfen. Die Änderung wird von den Eltern und von dem Jugendlichen erlebt. Beiderseits ist man darüber erstaunt, dass der Andere nicht mehr unseren Vorstellungen und unseren bisherigen Erlebnissen entspricht. Der Prozess des Wechsels, der Veränderung, dauert selbstverständlich das ganze Leben, ist aber in der Adoleszenz besonders ausgeprochen. In diesem Alter geht es nicht nur um einen Entwicklungsschub, sondern um ein Anderswerden, ein Andersein. Das Identitätsbewusstsein und die Bewahrung einer psycho-physischen Einheit werden durch die psychische und vor allem die biologische Realität auf eine harte Probe gestellt. Noch nie war das Suchen nach Identität so gross wie heute. Ich sage damit natürlich nichts Neues. Das Erringen der Identität ist heute schwieriger als früher, da der Jugendliche in einem gewissen Sinne eine individuelle Identität erreichen muss, wenn diese Tautologie erlaubt ist. Die fraglose Identifikation mit den Eltern - Beruf, Ideale, soziale Stellung - ist kaum mehr vorhanden. Alles ist in Bewegung, im Fluss. Die Familie hat weitgehend dem Individuum und dem individuellen Entwicklungsbedürfnis Platz gemacht. Der Therapeut kann sich diesen aktuellen sozialen Problemstellungen so wenig verschliessen wie der Jugendliche. Wir sehen den Beginn dieser Änderung mit der französischen Revolution. In seinen Memoiren hat Cg. de Talleyrand dies klar ausgedrückt: «Les enfants à cette époque étaient les héritiers du nom et des armes. On croyait avoir assez fait pour eux en leur préparant de l'avancement, des places, quelques substitutions; en s'occupant de les marier, en améliorant leur fortune (tome 1, pp. 6–7) ... Car dans les grandes maisons c'était la famille que l'on aimait, bien plus que les individus et surtout que les jeunes individus que l'on ne connaissait pas encore (pp. 7–8) ...» In der Therapie treten diese Identitätsfragen deutlich hervor, sie stellen einen Schwerpunkt jeder Therapie dar. Die Frage der Identität in der Familie, aber auch die nach der persönlichen Identität im Rahmen des Familienromans und die, welche sich auf die Bewahrung der Identität trotz der psychischen und physischen Entwicklung richtet, ist dem Jugendlichen täglich gestellt. Der Jugendliche ist nicht mehr Kind, er ist noch nicht Erwachsener. Er braucht in dieser Lebensphase die Identität eines Adoleszenten. Reifungskrisen sollen weder dramatisiert noch abgestoppt oder unterdrückt werden. Es geht nicht darum, den Jugendlichen rasch aus der Adoleszenz herauszuführen, ihm Lösungen aufzuzwingen, sondern ihm die innere Möglichkeit zu multiplen Identifikationen zu geben; diese sollen ihm erlauben, sein neues Selbst kreativ aufzubauen. Die Adoleszenz soll nicht nur eine Phase sein, mit Blick zurück (Überwindung der Kindheit) und Blick vorwärts (erwachsen werden), sondern als ein eigener, spezifischer Zeitabschnitt gelten, der als solcher einen vollen eigenen Inhalt und Wert besitzt. Die Grundfrage der Reifungskrise kann schliesslich so formuliert werden: Wie kann man dem Jugendlichen helfen, ein Adoleszenter im Adoleszentenalter zu sein?

Literatur

Aichhorn, A.: Verwahrloste Jugend. Internationaler psychoanalytischer Verlag, Wien, 1925; 9. Auflage Verlag Hans Huber, Bern, 1977.

Bettelheim, B.: The Youth of Enchantment. A. Knopf, New York, 1976.

Blos, P.: On Adolescence. The Free Press, New York, 1962.

Ferenczi, S.: Über obszöne Worte, Beitrag zur Psychologie der Latenzzeit. In: Ferenczi, S.: Bausteine zur Psychoanalyse, Band 1, 171–188. Hans Huber Verlag, Bern, 1964.

Ferenczi, S.: Männlich und Weiblich. In: Ferenczi, S.: Bausteine zur Psychoanalyse, Band 3, 453–467. Hans Huber Verlag, Bern, 1964.

Freud, S.: Drei Abhandlungen zur Sexualtheorie. Gesammelte Werke, Band 5. Imago Publ., London, 1952.

Gloor, P.-A.: Néoténie humaine, double puberté, complexe d'Oedipe. Bull. et Mém. de la Soc. d'Anthrop. de Paris, 3, 181–188, 1986.

Kestemberg, E.: L'identité et l'identification chez les adolescents. Psychiat. Enfant 5, 441–522, 1962.

Laufer, M.: The Psychoanalyst and the Adolescent's Sexual Development. Psychoanal. Study Child 36, 181–192, 1981.

Laufer, M. und Laufer, M.-E.: Adolescence and Developmental Breakdown. Yale Univ. Press, New Haven, 1984.

Winnicott, D.W.: Collected Papers: Through Paediatrics to Psycho-Analysis. Tavistock Publications, London, 1958.

Bildteil zum Beitrag von W. Bettschart

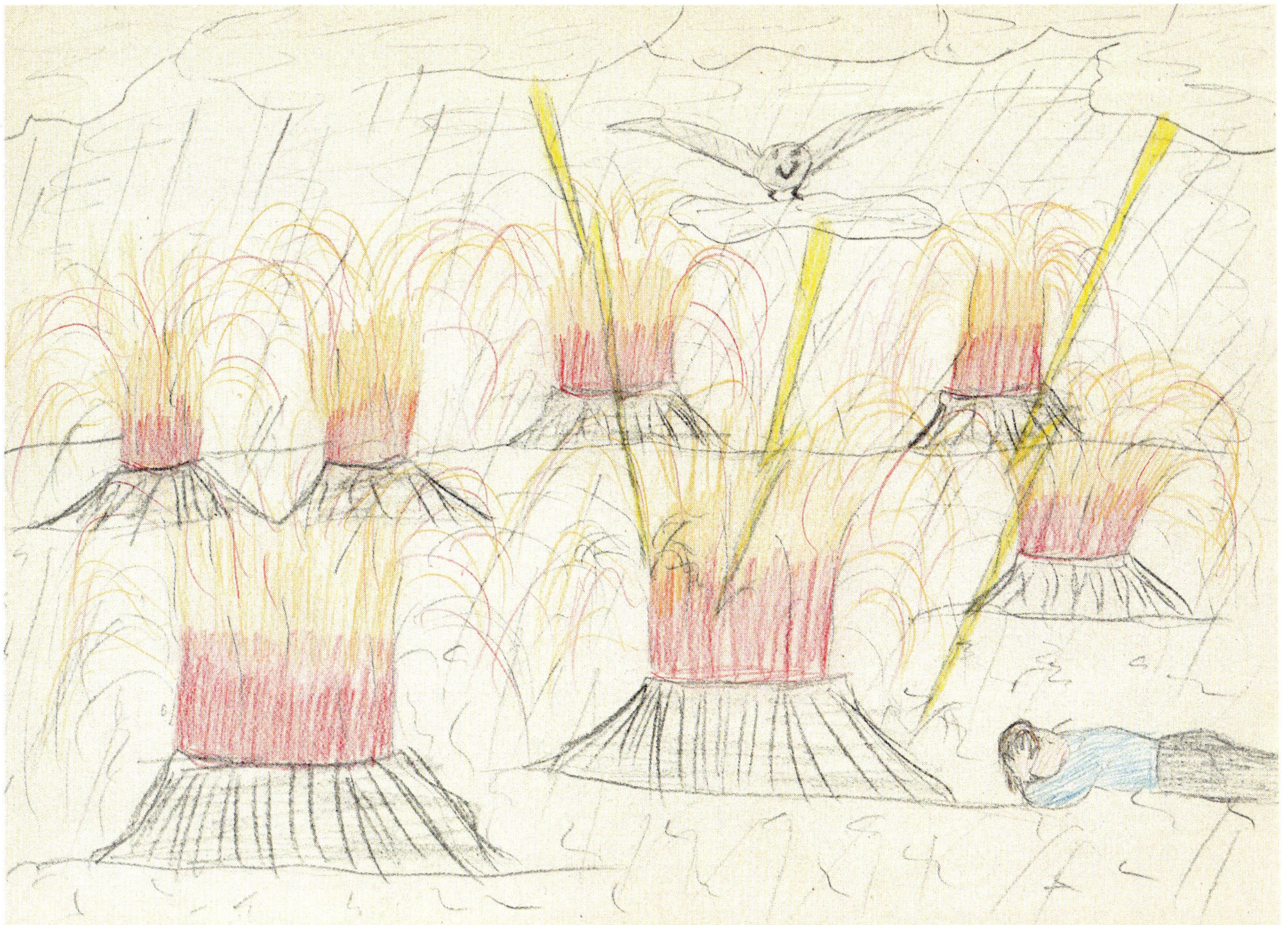

Figur 1: Der Jugendliche beging zahlreiche Einbruchdiebstähle. Im täglichen Leben zeigt er sich gleichgültig, überangepasst, «gefühlslos». Dies steht im Gegensatz zur Zeichnung: «Das Ende der Welt; alles Unreine wird zerstört». Er fühlt sich hoffnungs- und hilflos.

Figur 2: Es ist Krieg. Der Jugendliche befindet sich im Panzer, nicht um anzugreifen, sondern weil ihm dieser Geborgenheit und Sicherheit bietet.

Einleitung zum Beitrag von M. Laufer

D. Bürgin

Die Psychoanalyse von Adoleszenten orientiert sich am Entwicklungsmodell der psychoanalytischen Metapsychologie. Der Jugendliche hat, will er zum Erwachsenen werden, in der Adoleszenz bestimmte psychische Aufgaben zu erfüllen, z.B. die Trauer um den Verlust der Kindheit, die Akzeptation und den Gebrauch des sexuell reifen Körpers, die Integration verschiedener Selbstbilder, die Übernahme der Verantwortung für aggressive Akte etc. Der Adoleszente in dieser mehrjährigen Übergangszeit lässt sich mit einem Trapezkünstler vergleichen, der seinen schwingenden Halt losgelassen hat, nun frei durch die Luft wirbelt und die gegenüberliegenden Trapezteile noch nicht gefasst hat – eine Phase höchster Verletzlichkeit, in welcher Erscheinungen wie Suizidversuche, Anorexie, Depression, psychotische Zustände, sexuelle Abartigkeiten, Drogenkonsum und Delinquenz unvermittelt gehäuft auftreten. Solchen Phänomenen schwerer psychopathologischer Störungen liegt zumeist ein Zusammenbruch des Entwicklungsgeschehens beim Jugendlichen zugrunde, der psychoanalytisch auf grundlegende unbewusste Phantasien zurückgeführt werden kann. Diese individuell sehr unterschiedlichen Phantasien sind für die verschiedenartigen manifesten Störungsbilder verantwortlich.

Die psychopathologischen Kategorien, die für die Erwachsenen gebraucht werden, gehen von einer fixierten psychischen Struktur aus und können somit nicht für Adoleszente angewendet werden, es sei denn im Falle eines vorzeitigen Entwicklungsabschlusses, bei welchem keine therapeutische Umstrukturierung ungünstiger Konfliktlösungen mehr, sondern nur noch die weitere Ausgestaltung einer bereits gefestigten Pathologie zu erwarten ist.

Um die Variationen der Normalität von den unterschiedlichen Schweregraden der Pathologie abgrenzen zu können, nennt Moses Laufer einige Signale, welche auf die Gefahr eines Entwicklungszusammenbruches hinweisen. Störungen von Jugendlichen, die nur zwanghafte und damit voraussagbare Entwicklungsbewegungen ermöglichen, dürften kaum je nur als Varianten einer Normalität angesehen werden, sondern sind beinahe immer Erscheinungsformen einer pathologischen intrapsychischen Organisation, da der Jugendliche zu seinen Symptomen nicht mehr «nein» sagen kann. Bei der Anorexia mentalis besteht fast ausnahmslos eine gewisse Beziehungsstörung zum eigenen Körper und damit notwendigerweise auch eine solche zur Aussenwelt. Welches auch immer die einer Homosexualität zugrunde liegende Struktur sein mag, auch bei diesen Jugendlichen ist die Beziehung zum eigenen Körper und damit zur Aussenwelt (z.B. wegen der Unklarheit, ob man als Mann oder Frau akzeptiert wird) notwendigerweise verzerrt. Homosexualität in der Adoleszenz bedeutet im übrigen nicht dasselbe wie Homosexualität im Erwachsenenalter, da der Jugendliche noch keine endgültige sexuelle Organisation entwickelt hat. Die Homosexualität in der Adoleszenz ist ein *Teil* des Entwicklungszusammenbruchs, eine Art perverse Beziehung. Im Kampf darum, was vom eigenen Körper bzw. seiner anatomischen Struktur akzeptiert werden kann und was zurückgewiesen werden muss, wird bei der homoerotischen Lösung die Bezogenheit zum heterosexuellen Partner verleugnet. Homosexualität beim Erwachsenen stellt gleichsam das

Endergebnis eines solchen Entwicklungszusammenbruches dar. Der Begriff einer Perversion sollte somit, wie S. Freud dies bereits betonte, erst nach Abschluss der Adoleszenz verwendet werden. Bei transsexuellen Patienten, die es ablehnen, sich in eine intensive psychotherapeutische Beziehung einzulassen, ist oft keine psychoanalytische Hilfe möglich, da zu wenig Ich-Anteile im Arbeitsbündnis zur Verfügung stehen und jegliche neue Lösung den Jugendlichen nötigen würde, auf der Suche nach anderen Konfliktlösungen mehr psychischen Schmerz zu ertragen, als wenn er am transsexuellen Wunsch festhalten würde. Bei Jugendlichen, welche sich das Leben nehmen wollten, existiert sehr oft ein noch infantiles Konzept vom Tod, das die Selbstzerstörung als Resultat der Handlung verleugnet und ein Überdauern idealisierter Selbstanteile über die Selbstzerstörung hinaus zum Inhalt hat. Im Moment der suizidalen Handlung kann zumeist von einem episodischen psychotischen Moment gesprochen werden. Wenn es im Verlauf der Analyse nicht gelingt, mittels des Übertragungsgeschehens zu den Kernphantasien, welche den Suizidversuch begründeten, zu gelangen, sondern nur im allgemeinen Kontakt mit dem Phantasieleben des Patienten zu stehen, dann bleibt beim Jugendlichen zeitlebens eine enorme Vulnerabilität bestehen.

Werden Jugendliche, welche einen Entwicklungsabbruch erlitten haben, d.h. an einer schweren Adoleszentenpathologie leiden, mittels einer Psychoanalyse (5 Stunden pro Woche über einige Jahre) behandelt, so empfiehlt es sich, wegen des grossen Risikos - und Moses Laufer zeigt das sehr deutlich auf - das Behandlungssetting sehr ernsthaft und sorgfältig vorzubereiten. Der Analytiker muss vom Patienten und seinen Eltern fordern, dass sie verschiedene Verpflichtungen eingehen, soll er die Verantwortung für die Behandlung (nicht aber für die Pathologie) übernehmen können. Solche vertragsähnliche Forderungen und Verpflichtungen schützen die Analyse vor der sehr destruktiven Qualität der vorliegenden Pathologie. Denn wenn der Jugendliche mit den entscheidenden Teilen seiner Störung in Kontakt gebracht werden soll, so geht dies nur über eine oft krisenhaft verlaufende Beziehungsstörung in der Übertragung. Psychische Veränderungen von Jugendlichen erfolgen nämlich in noch stärkerem Masse als diejenigen von Erwachsenen nicht mühelos.

Viele Adoleszente gehen davon aus, dass alles gut wäre, wenn nur die Welt anders wäre, und sie verleugnen das Fremde in ihnen, über welches sie keine Kontrolle haben, oder sie attackieren es wie einen bösartigen Verfolger. Beim Entwicklungszusammenbruch bietet sich der sowieso noch recht fremde, erwachsene Körper mit seinen sexuellen und aggressiven Möglichkeiten (manchmal aber auch die Familie bzw. die Gesellschaft) an, wie vom Selbst völlig getrennt zu funktionieren. Der gefährliche, verfolgende Teil wird projektiv in diesen Körper (bzw. die Familie oder die Gesellschaft) verlagert, dort bekämpft oder gar zu töten versucht. Ein solcher Vorgang entspricht *einer* von mehreren Einmündungen in einen Kreisprozess, in welchem die Rolle zwischen Opfer und Täter anhaltend abwechselt.

Die Einstellung eines Analytikers der Adoleszenz (auch der eigenen) gegenüber ist deshalb ein wichtiger Faktor, der immer wieder reflektiert werden muss, will man nicht in die Gefahr einer Idealisierung oder Bagatellisierung dieses so zentralen krisenhaften Umwandlungsprozesses verfallen oder sich mit oder gegen den Adoleszenten verbünden, sondern ihm, mittels der steten Beziehungsklärung, bei der Wiederherstellung der Voraussetzungen für eine Weiterentwicklung behilflich sein.

Zusammenbruch der Entwicklung im Adoleszentenalter und Ziele der therapeutischen Behandlung

Moses Laufer

Diese Arbeit beschränkt sich auf spezifische Teilaspekte der Adoleszenz und der Psychopathologie des Jugendalters und will nicht eine allgemeine Übersicht über unser derzeitiges Wissen hinsichtlich dieser Entwicklungsstufe geben oder von den Schwierigkeiten berichten, denen wir in der psychotherapeutischen Arbeit mit Adoleszenten begegnen. Obwohl es an gegensätzlichen und sich widersprechenden Ansichten und Meinungen über so zentrale Fragen wie die diagnostische Beurteilung und die Behandlung psychopathologischer Störungen im Adoleszentenalter nicht fehlt, will ich hier in erster Linie meine eigenen Ideen über die Psychopathologie dieses Entwicklungsabschnittes darstellen und ausführen, warum ich glaube, dass wir in der diagnostischen Erfassung und der Behandlung des seelisch verletzten oder kranken Adoleszenten eine genau umschriebene und spezifische Aufgabe zu erfüllen haben.

Beim Versuch, klar zu machen, was ich unter «Pathologie des Adoleszentenalters» verstehe, will ich mit der Feststellung beginnen, dass es sich dabei um eine zentrale Krise im Leben des Jugendlichen handelt und dass die Verleugnung ihres Bestehens oder die Unterschätzung ihrer zerstörerischen Eigenschaften einer verpassten Gelegenheit gleichkommt, einer Gelegenheit, die sich meiner Meinung nach nicht bald wieder einstellt. Das Erkennen dieser Pathologie und die Hilfe beim Rückgängigmachen ihres möglichen Einflusses hingegen können Veränderungen im Leben des Jugendlichen bewirken, welche sich noch in seinem ganzen späteren Leben spürbar machen werden. Hieraus folgt, dass diejenige therapeutische Arbeit, die uns in Berührung mit der Pathologie des Adoleszenten bringt, mit tiefer Verantwortung verbunden ist. Sie ist noch gewichtiger, wenn man davon ausgeht, wie ich es tue, dass die diagnostische Einschätzung und die Behandlung eines Adoleszenten, der Zeichen eines Entwicklungszusammenbruchs (ich werde diesen Begriff gleich noch näher ausführen) aufweist, *keinen Raum für einen Irrtum lässt, sowohl was die diagnostischen wie auch was die therapeutischen Aufgaben angeht.*

Dadurch sollte klar geworden sein, dass ich die weit verbreitete Ansicht, man solle mit der Behandlung eines Adoleszenten zurückhaltend sein oder diese erst gar nicht durchführen oder man solle dem Adoleszenten Unterstützung und Hilfe auf verschiedenen Ebenen zukommen lassen, eindeutig ablehne. Ich bin entgegengesetzter Meinung, denn ich möchte kühn behaupten, dass ausgerechnet das Adoleszentenalter eine entscheidende Zeit für therapeutische Bemühungen darstellt, wie schwierig auch immer dieses Unterfangen für die Jugendlichen oder uns sein mag. Wir verfügen zudem ja über ein Wissen hinsichtlich des Entwicklungsprozesses und des Stellenwertes der Pathologie in diesem Zeitabschnitt, das uns erlaubt, bezüglich des eigentlichen Ziels der Behandlung von Adoleszenten ganz klar und sicher zu sein. Ich werde auf diesen Punkt später zurückkommen, nachdem ich zuvor einige Aspekte der diagnostischen Einschätzung diskutiert habe.

Ich möchte mit einer Beobachtung beginnen, die es mir ermöglichte, für mich zu definieren, was die Entwicklungsaufgabe der Adoleszenz ist. Sie brachte mich schliesslich zum Konzept des «Entwicklungszusammenbruchs» und liess mich gleichzeitig meine Unzufriedenheit mit den meist gebrauchten Erklärungen und Klassifikationen spüren, welche für die ernsthaften Symptome psychischer Störungen von Adoleszenten verwendet werden. (Wenn ich mich auf das Adoleszentenalter beziehe, so meine ich die Zeit von der physisch-sexuellen Reife bis zum Zeitpunkt der irreversiblen, sexuellen Identität oder, wie Freud es ausdrückte, der «endgültigen Sexualorganisation». Der Zeitabschnitt, von dem hier die Rede ist, erstreckt sich von etwa 12 oder 13 bis zu 21 Jahren.) Vor einigen Jahren beeindruckte mich eine sehr einfache Tatsache, von der ich offensichtlich seit vielen Jahren gewusst hatte. Ich musste, wie viele andere auch, diese Tatsache verleugnen oder vermied es, ihre Bedeutung und möglichen Folgen zu verstehen. Es handelt sich um folgendes: die Zahl der Suizide oder Suizidversuche scheint im Adoleszentenalter rapid anzusteigen. Verknüpft mit dieser Beobachtung scheint es ebenso, dass ein *bewusster* Entscheid zur Selbsttötung als soziales oder klinisches Problem vor der Adoleszenz nicht besteht. Von diesen Gegebenheiten und von den gemeinsamen Erfahrungen an unserem Ambulatorium für Jugendliche und an unserem Forschungszentrum für Adoleszente in London ausgehend, wurde mir klar, dass bei sehr vielen Jugendlichen die gleichen Beobachtungen gemacht und dieselben Fragen gestellt werden: Warum treten auf dieser Entwicklungsstufe akute Symptome einer psychischen Störung auf, die wir leicht als Schizophrenie diagnostizieren? Warum tauchen plötzlich während der Adoleszenz die Anorexie, die Drogenabhängigkeit, die Promiskuität, schwere Depressionen, die Zeichen sexueller Andersartigkeit oder auch die Gewalttätigkeit auf, die nicht einer sozialen Norm entspringt, sondern durch «innere Stimmen» ausgelöst wird oder durch die Notwendigkeit bedingt ist, das Gefühl, ausserhalb der Norm zu stehen, vom Bewusstsein fern zu halten? Diese Aufzählung kann man beliebig verlängern. Ich möchte damit sagen, dass man bei der Beurteilung (und der Behandlung) der Psychopathologie im Adoleszentenalter von Kriterien auszugehen hat, die auf eine bestimmte Stufe der psychosexuellen Entwicklung anwendbar sind und die dem Bedürfnis, auf einige entscheidende innerpsychische Fragestellungen eine Antwort zu finden, Rechnung tragen müssen. Diejenigen Kategorien, welche der Erwachsenenpsychiatrie entlehnt worden sind, wie zum Beispiel Psychose, Schizophrenie und manisch-depressive Krankheit, sollten deshalb solange nicht verwendet werden, bis wir genau wissen, was wir diagnostisch einschätzen. Was wir beurteilen und dann behandeln, hängt von unserer Sicht über den spezifischen Beitrag ab, den die Adoleszenz im Leben eines Menschen zu erbringen hat.

Ich möchte nun kurz umschreiben, was ich mit dem soeben erwähnten spezifischen Beitrag der Adoleszenz im Leben eines Menschen meine. Freud hat in seinen «Drei Abhandlungen zur Sexualtheorie» die Pubertät als Wiederholung früherer Lebenserfahrungen definiert, die im Kontext eines physisch reifen Körpers wiedererlebt werden. Mit dieser Feststellung anerkannte er nicht nur den bestimmenden Einfluss der Vergangenheit, sondern wollte auch auf das Vorhandensein einer Kontinuität im Leben des Menschen hinweisen. Ich denke, er wollte damit sagen, dass es zwischen der Art und Weise, wie das Kind seine inneren Konflikte mit den ödipalen Eltern gelöst hat, und der Gestaltung der Adoleszenz einen spezifischen Zusammenhang gibt. Diese Feststellung enthält aber noch etwas weiteres, was in meiner Arbeit und der meiner Kollegen mit Adoleszenten immer wieder hervorgetreten ist. *Erst am Ende der Adoleszenz* nämlich hat ein Mensch ein Bild von sich als einem sexuellen Wesen ausgeformt, d.h. die Vorstellung entwickelt, eine Person zu sein, die einen in sexueller Hinsicht reifen Körper besitzt, mit dem man ein Kind zeugen oder austragen kann. Unabhängig davon, ob das Ergebnis am Ende der Adoleszenz normal oder pathologisch ist, die Aufgabe dieser Entwicklungsstufe ist stets die gleiche: Es gilt, eine Integration der verschiedenen, aus früherer Zeit stammenden Selbstbilder zu erreichen und die Fähigkeit zu entwickeln, am Ende der Adoleszenz die Verantwortung für seine eigenen Gedanken, Gefühle, Wünsche und Handlungen tragen zu können. Ich möchte das als «den eigenen Körper besitzen» bezeichnen. Aber auch unter den normalsten Bedingungen kann diese Inbesitznahme des eigenen Körpers, welche auch umfasst, dass jemand die Verantwortung für die Konsequenzen seiner Handlungen tragen kann, zu einer Reihe von regressiven Erscheinungen Anlass geben. Diese vermögen zu bewirken, dass der Adoleszente vorübergehend das bisher Erreichte aufgibt, aber letzten Endes stets im Wunsch, den neuen Status einer sexuell kompetenten Person wieder zu erlangen, die in der Lage ist, mit der Angst umzugehen, die dabei freigesetzt wird. Zu diesen Jugendlichen gehören beispielsweise diejenigen, welche die Masturbation als eine Art «Probehandeln» benützen können; es sind diejenigen, die schliesslich fähig sind, eine Beziehung zu einer gegengeschlechtlichen Person zu suchen und zu finden, in der sie sexuelle Befriedigung erreichen, und die sich in sozialer Hinsicht als normal erleben können. Der Aufruhr im Leben dieser Jugendlichen entspricht weder einer Sackgasse im Entwicklungsgeschehen noch einem Bruch mit der Realität. Ihre Ängste sind üblicherweise vorübergehender Natur, hervorgerufen durch das Weiterbestehen des Wunsches nach Befriedigung. Dieser stellt möglicherweise eine Art sexueller Abnormalität dar, die sie am Ende aber hinter sich lassen können.

Dies führt mich zum Konzept des «Entwicklungszusammenbruches» und zu einigen daraus resultierenden Konsequenzen. Es handelt sich um diejenigen Adoleszenten, die ihr Leben in erster Linie als Qual erleben. Sie suchen ständig nach Möglichkeiten, dieses innere Gefühl zu verändern, realisieren aber dabei, dass sie das Qualvolle nicht abschütteln können. Ich denke an diejenigen Adoleszenten, die unfähig sind wahrzunehmen, dass sie in der Lage wären, ihre Selbstachtung wiederherzustellen und den Schaden rückgängig zu machen, den sie durch ihre Gedanken und Gefühle sich selbst oder Anderen zuzufügen glauben. Ich denke auch an solche, die den Gedanken nicht loswerden, unabänderlich abnorm zu sein. Dies sind die Jugendlichen, die von den Schöpfungen ihrer Phantasie heimgesucht werden. Sie glauben, dass es der geschlechtsreife Körper sei, der sie zu verrückten oder perversen Gedanken und Wünschen zwinge und der sie zum Ausleben gewisser Phantasien in vorgegebener und nicht kontrollierbarer Art und Weise nötige. Ein entscheidendes Kennzeichen dieser Adoleszenten besteht darin, dass sie über ihre Normalität angeblich *keine Zweifel haben*, ganz für sich aber davon überzeugt bleiben, sie könnten unabänderlich verrückt oder abnormal sein.

Um über das rein Beschreibende hinauszugehen, möchte ich sagen, dass, wenn wir von behandlungsbedürftigen Jugendlichen sprechen, wir uns in unseren Überlegungen und therapeutischen Bemühungen auf diejenige Adoleszenten beschränken sollten, die einen Bruch in ihrer Entwicklung zum Erwachsenen aufweisen, die in Gefahr sind, den Wunsch aufzugeben oder ihn aufgegeben haben, ihre erwachsene Sexualität zu besitzen, und auch auf diejenigen, welche bereit sind, die Vorstellung anzunehmen oder sie sogar schon akzeptiert haben, dass sie in sexueller Hinsicht abnorm und geschädigt seien. Die Gefahr in der Entwicklung *und in der Therapie* dieser Adoleszenten ist, dass ihre Pathologie auch die Beziehung zu den ödipalen Eltern enthält und dass sie, auf der unbewussten Ebene, mittels dieser Pathologie die Phantasie ausagieren, wie sie sein möchten oder glauben sein zu müssen und wie sie denken, dass die Eltern, – im speziellen die Mutter –, sie haben wollen. Die gleiche Phantasie schliesst auch einen Angriff auf die ödipalen Eltern ein und stellt gleichzeitig die Zerstörung der eigenen, erwachsenen Sexualität dar.

Der Bruch im Entwicklungsprozess *ist die eigentliche Pathologie*, da in jedem Fall das Ergebnis in einem verzerrten Verhältnis zu sich selbst als sexuellem Wesen bestehen muss und im weiteren eine passive Beziehung zum gleichgeschlechtlichen Elternteil sowie den Verzicht auf den Wunsch oder auf die Fähigkeit, aus der infantilen Sexualität herauszuwachsen, zur Folge hat. Deswegen habe ich keine Zeit dafür aufgewendet, spezifische psychopathologische Erscheinungen der Adoleszenz, wie zum Beispiel Anorexie, Übergewicht, Suizidversuch, Depression etc., zu erörtern. Was eine «Form» der Psychopathologie von einer anderen unterscheidet, ist die darunterliegende Phantasie, die ausagiert und befriedigt wird, das Ausmass und die Qualität der Regression, die mit einer spezifischen Pathologie verknüpft sind, und die Phantasie darüber, wie die Bindung zum und gleichzeitig der Angriff auf den inzestuösen Elternteil gestaltet wird.

Ich habe oben erwähnt, welche Sorgfalt wir bei der Anwendung diagnostischer Kategorien der Erwachsenenpsychiatrie auf den Adoleszenten aufbringen müssen. Im Moment bin ich nicht so sehr über die Anwendung oder den Missbrauch dieser Kategorien als solcher beunruhigt, sondern mache mir darüber Sorgen, dass wir mit Leichtigkeit den grundsätzlichen Unterschied zwischen den psychopathologischen Erscheinungen in der Adoleszenz und jenen im Erwachsenenalter – wie ähnlich sie einander auch sehen mögen – vergessen könnten, da er sich notwendigerweise auf die Art und Weise der Diagnostik und der Therapie auswirkt. Ich denke hierbei speziell an die Verwendung der Diagnose «psychotisch» im Adoleszentenalter. Hier laufen wir Gefahr, schwerwiegende Fehler bei der Beurteilung zu machen. Ich glaube im weiteren, dass das Konzept des Entwicklungszusammenbruches (und der Ablehnung des sexuell ausgereiften Körpers, die sich daraus ableitet) uns dabei helfen kann, ein Verhaltensmuster, das der Erwachsenenpsychose ähnlich sieht, aber auch Ausdruck eines ganz anderen Prozesses sein kann, besser und genauer zu erfassen. Wenn wir ein solches Syndrom als Ausdruck eines Entwicklungszusammenbruches und nicht als einer Psychose behandeln, so kann daraus ein völlig anderes Ergebnis entstehen, das, aus präventiver Sicht, sogar eine Entwicklung in Richtung einer psychotischen Beziehung zu sich selbst und zur Aussenwelt verhindern könnte.

Ich gehe davon aus, dass es gewisse Formen der Pathologie gibt, die in direkter Weise auf das ursprüngliche ödipale Dilemma bezogen sind. Bei diesen wird der ursprüngliche Bruch mit der Realität betont oder zumindest die Bemühung des ödipalen Kindes, die Realität, in der es lebt, zu verleugnen. Ich denke hier an die Realität, dass der eigene Körper entweder ein männlicher oder weiblicher ist, und an die Bedeutung, welche dieser Verleugnung oder Verzerrung des Eigengeschlechts während der Pubertät oder Adoleszenz zukommt. Es gibt Kinder, die auf der unbewussten Ebene mit der Phantasie leben, *weder männlich noch weiblich zu sein, sondern beide Geschlechter zu vereinen.* Diese Phantasie befähigt sie, den homosexuellen, inzestuösen Wunsch mit der Abwehr zugleich in Einklang zu bringen. Solche Verzerrungen können vom ödipalen Kind und vom Kind im Latenzalter, trotz schrecklicher Konsequenzen, erzeugt werden. Im Adoleszentenalter hingegen kann ein Individuum, bedingt durch die sexuelle Reife des eigenen Körpers, seine Abwehr dagegen, eine Frau oder ein Mann zu sein, oft nur durch einen Bruch mit der Aussenwelt aufrecht erhalten. Nur durch Projektionen kann dann die Illusion bewahrt werden, anders zu sein, als man ist. Dann erhalten wir in der Diagnostik das Bild einer Person, deren Bezug zur Realität völlig verloren gegangen ist, die verwirrenden Täuschungen unterliegt und der Gefahr ausgesetzt ist, diesen Körper zu töten, von dem sie sich verfolgt fühlt und von dem sie annimmt, er stünde ihr im Wege, um eine heimliche, euphorische Stimmung zu erlangen. Dass solche Erscheinungen psychotische Äquivalente enthalten, liegt auf der Hand. Gleichzeitig gibt es aber Adoleszente, welche die Bedeutung solcher Geschehnisse mittels der *Übertragung* innerhalb einer Therapie erfahren können und so letzten Endes wenigstens einen Teil dieser Verzerrung aufgeben können. Diese Jugendlichen als psychotisch einzustufen, wäre eine schwerwiegende Fehlbeurteilung.

Selbstverständlich gibt es aber auch Adoleszente, deren Bruch mit der Realität bereits zum Zeitpunkt der Auflösung ihrer ödipalen Konstellation derart fortgeschritten war, dass die Adoleszenz ihnen keine Möglichkeit mehr bietet, an der Gültigkeit der ursprünglichen Lösung zu zweifeln. Wir sehen im Gegenteil bei einigen dieser Jugendlichen etwas, was ich als vorzeitigen Abschluss des Entwicklungsprozesses bezeichnen möchte, eine Situation, in der kein äusseres Ereignis oder Erlebnis mehr einen Einfluss auf die gefestigte, innere Realität haben kann. In diagnostischer Hinsicht müssen wir in diesen Fällen sagen, dass eine solche Pathologie mit den psychopathologischen Erscheinungen im Erwachsenenalter gleichgesetzt werden kann. Ein derartiger Entscheid bedeutet, dass wir davon überzeugt sind, mittels einer Behandlung keine Chance mehr zu haben, eine Umkehr des Prozesses herbeizuführen. Er legt im weiteren fest, dass die Übertragung nicht mehr dazu benützt werden kann, dem Adoleszenten die Geschichte und die Bedeutung seines ursprünglichen Bruches mit der Realität klar zu machen, und dass die Adoleszenz nur noch einer weiteren Ausgestaltung und vielleicht auch Überbetonung einer bereits fixierten Pathologie gleichkommt, bei der fürderhin keinerlei Verbindung mehr zur Realität besteht.

Die gleiche Sorgfalt muss bei der Diagnosenstellung und der Behandlung von Adoleszenten aufgewendet werden, die Zeichen einer sexuellen Abnormität zeigen, wie zum Beispiel Homosexualität, Transvestitismus und verschiedene andere Perversionen. Auch hier sind die diagnostische Beurteilung und die Behandlung für das gesamte spätere Leben eines Adoleszenten von entscheidender Bedeutung. Wenn wir davon ausgehen, dass die Tatsache, homosexuell oder pervers zu sein, ein freier Entscheid eines Jugendlichen sei und daher nicht mit gleicher Sorgfalt und Verständnis bei Diagnostik und Therapie behandelt werden müsse, so erweisen wir dem Adoleszenten einen schlechten Dienst und verpassen eine Gelegenheit, dem Jugendlichen bei der Wahl seiner Zukunft zu helfen und ihm zu ermöglichen, seine früher getroffenen Lösungen zu hinterfragen. Die Probleme dieser Jugendlichen müssen mit der gleichen Sorgfalt angegangen werden wie die Abklärung und Therapie derjenigen Adoleszenten, die irgend einen Entwicklungszusammenbruch aufweisen, gleichgültig in welcher Art und Weise sich dieser manifestiert.

Bevor ich zur Frage der Therapie komme, möchte ich noch einige Anhaltspunkte beschreiben, die darauf hinweisen, dass ein Entwicklungszusammenbruch während der Pubertät oder Adoleszenz stattgefunden hat. Danach werde ich einige Gefahrensignale erwähnen, nach welchen wir suchen müssen. Obwohl es schwierig sein kann, diese Hinweise bereits während der diagnostischen Phase zu erhalten, gibt es Möglichkeiten, sich einiges vom inneren Leben des Adoleszenten, aus seiner Gegenwart und aus seiner Vergangenheit, zu einem Bild zu vereinen, ohne dass man seine Abwehrstrukturen angreifen muss. In meiner eigenen Arbeit verlasse ich mich weitgehend auf die Informationen des Adoleszenten über seine Beziehung zu seinem geschlechtsreifen Körper, über seine Freunde, über die Ereignisse, Beziehungen oder Erfahrungen, welche ihm Genuss vermitteln, über seine regressiven Befriedigungen und über die Funktion der Masturbation oder ihres Ersatzes. Darüber hinaus suche ich aus den verschiedenen Formen von Zwangsverhalten, aus der Qualität der Projektionen, aus dem Grad der Verleugnung, die benutzt wird und aus der gegenwärtigen Beziehung des Adoleszenten zu seinen ödipalen Eltern weitere Anhaltspunkte zu gewinnen. Schliesslich versuche ich auch, mir einen Eindruck zu verschaffen, in welchem Ausmass die Phantasien des Adoleszenten seine Fähigkeit beeinträchtigen, zu Hause, in der Schule, am Arbeitsplatz und in der Beziehung zu seinen Gleichaltrigen zu funktionieren. Aus diesen Hinweisen versuche ich mir ein Bild zu machen über die Beziehung des Adoleszenten zu seiner eigenen Geschlechtlichkeit. (An dieser Stelle möchte ich nicht darauf eingehen, wie ich ein diagnostisches Gespräch führe und den Jugendlichen in den Abklärungsprozess miteinbeziehe.)

Ich möchte ebenfalls auf einige »Gefahrensignale» hinweisen, die uns bei der diagnostischen Beurteilung und während der Behandlung hilfreich sein und uns in Stand setzen können zu wissen, ob und wann wir uns während der Diagnostik oder Therapie Sorgen machen müssen. (Ich fasse diese «Gefahrensignale» in der nachfolgenden Liste nur kurz zusammen und führe sie nicht im Detail aus.)

1. Wie gross ist das Ausmass von Ablehnung oder Hass dem eigenen geschlechtsreifen Körper gegenüber? Schliesst diese Ablehnung auch eine Ablehnung der äusseren Welt mit ein?
2. In welchem Ausmass vermittelt ein Jugendlicher, der mit sich selber Schwierigkeiten hat, ein Bild, er stehe mit sich selber im Einklang?
3. Sind Symptome sexueller Abnormität vorhanden? Erlebt der Adoleszente diese Entwicklung als konfliktbeladen oder scheint er diese Ausrichtung seines Lebens akzeptiert zu haben?
4. Wie weit erlebt sich der Jugendliche gegenüber seinen Handlungen und Gedanken als passiv? Inwiefern entsteht diese Passivität dadurch, dass er sich gezwungen fühlt, sich in einer bestimmten Art und Weise zu verhalten? Oder ist sie mehr ein Ausdruck davon, dass er sich einer inneren Autorität unterwirft?
5. Enthält die Lebensgeschichte des Adoleszenten zu irgendeinem Zeitpunkt der Vergangenheit einen Suizidversuch?
6. Im Anschluss an Punkt 5: Liegen Hinweise auf andere Angriffe auf den geschlechtsreifen Körper des Adoleszenten vor, die zum Ziel haben, diesen zu zerstören, zu verändern oder die Verfolger zum Schweigen zu bringen, welche der Adoleszente in seinem Körper hausen wähnt?
7. In welchem Ausmass hat es der Jugendliche aufgegeben, Lust aus seinem eigenen Körper zu erfahren?

8. Hat der Adoleszente eine inzestuöse Erfahrung gemacht oder an einer inzestuösen Beziehung teilgenommen?

Diese «Gefahrensignale» dienen nur als Mittel, unsere Aufmerksamkeit auf diejenigen Bereiche des Funktionierens zu richten, die uns offensichtlich einen direkten Zugang zum Unbewussten des Adoleszenten erlauben. Sie können uns sehr viel über die Richtung seiner Entwicklung sagen und teilen geichzeitig mit, in wie grossem Ausmass die Beziehung zum eigenen geschlechtlichen Körper verzerrt ist. Eine Schwierigkeit, die wir bei der Beschreibung dieser «Gefahrensignale» haben, besteht darin, dass wir während der diagnostischen Phase oft nur wenige diesbezügliche Hinweise bekommen und vielfach erst im Verlaufe der Behandlung die wesentlichsten Anhaltspunkte verfügbar werden. Aber wir kennen demgegenüber die Bedeutung gewisser Abkömmlinge des Unbewussten, und diese können wir mit grossem Nutzen bei der Beurteilung eines Entwicklungszusammenbruches verwenden, um abzuschätzen, bis zu welchem Grad das Leben in Gefahr steht oder ob ein Risiko einer weiteren pathologischen Entwicklung vorliegt.

Gehen wir im weiteren einmal davon aus, dass wir entweder das Risiko einer Entwicklungsstörung oder einen eigentlichen Entwicklungsabbruch zum Zeitpunkt der Pubertät oder während der Adoleszenz festgestellt haben. Wie steht es nun mit der Behandlung, d.h. mit den Vorbereitungen zur Behandlung, der Wahl der Behandlungsform, den Fragen der Führung der Behandlung und, am wichtigsten, mit der Entwicklung des Behandlungsprozesses selbst?

Ich bin mir darüber im klaren, dass Therapie im Adoleszentenalter, insbesondere die therapeutische Einstellung, die Behandlungsziele, die Ansichten darüber, was Therapie beinhaltet, sowie die spezifische Aufgabe des Therapeuten, Gefühle wach ruft und von uns verlangt, uns festzulegen. Meine eigenen Ansichten über Therapie im Adoleszentenalter bergen eine Gefahr. Entweder verärgere ich den Leser, oder ich gebe ihm das Gefühl, seine therapeutische Arbeit tauge nichts, oder ich verstärke seine Überzeugung, dass er die Arbeit mit Adoleszenten wirklich besser jemandem anderem überlassen sollte. Vielleicht ist dieses Risiko unumgänglich; ich hoffe jedoch, dass diese Gedanken, statt zu verunsichern, als Versuch verstanden werden, der Ausrichtung unserer therapeutischen Tätigkeit mehr Bedeutung beizumessen. Sie sollen dazu beitragen festzustellen, warum Therapie im Adoleszentenalter entweder als einzigartige Gelegenheit gebraucht werden kann, die kumulative Auswirkung eines Entwicklungsabbruches während der Pubertät oder Adoleszenz aufzuheben, oder warum sie zu einer verpassten Chance werden kann, mit dem Ergebnis, dass der Jugendliche zumindest gleich vulnerabel wie zuvor bleibt, oder noch schlimmer, dass der Jugendliche das Erwachsenenalter mit der Überzeugung erreicht, Veränderung sei unmöglich, und sich deshalb passiv der Krankheit der Vergangenheit unterwirft.

Ich möchte mich nun auf diejenigen Adoleszenten beschränken, die einen Entwicklungsabbruch während der Pubertät oder Adoleszenz erlitten haben. In der Arbeit mit diesen Adoleszenten gibt es meiner Meinung nach keinen Kompromiss, den wir suchen oder eingehen dürfen; diesen Jugendlichen müssen wir einen Behandlungsprozess garantieren, der es ihnen ermöglicht, mit der Bedeutung ihres Entwicklungsabbruches in Kontakt zu kommen, und der die Frage beantwortet, warum dieser Abbruch zum Zeitpunkt der Pubertät oder Adoleszenz stattfinden musste und welche Rolle er jetzt noch im heutigen Leben des Jugendlichen spielt. Aber ein derartiges Unternehmen oder eine solche Verpflichtung verlangt *von uns*, vom Jugendlichen wie auch von seinen Eltern, die Tragweite der Ereignisse, die während der Pubertät oder Adoleszenz stattfanden, anzuerkennen und auch die Verletzbarkeit bezüglich einer zukünftigen pathologischen Entwicklung zu sehen. Diese Verpflichtung bedeutet auch, zumindest was meine therapeutischen Erfahrungen mit Jugendlichen angeht, eine Vereinbarung zu treffen, die eine lange Behandlungsdauer einkalkuliert, so dass die Möglichkeit dafür entsteht, dass der Jugendliche den Entwicklungsabbruch innerhalb des Übertragungsgeschehens erleben kann. Damit wird sowohl dem Therapeuten wie auch dem Adoleszenten genügend Zeit gegeben, um sowohl die Ablehnung des sexuell ausgereiften Körpers wie auch das Bedürfnis, den Körper in irgendeiner Art und Weise zu zerstören, zu verstehen. Ich würde soweit gehen zu sagen, dass, wenn es der Therapie nicht gelingt, mittels des *Übertragungsgeschehens* den Adoleszenten mit der Bedeutung seines Entwicklungsabbruches in Kontakt zu bringen – gleich welche Auswirkung die Interventionen sonst noch haben mögen –, man dem Adoleszenten gewiss nicht ermöglicht, gewahr zu werden, dass er jetzt für sein vergangenes und heutiges Leben selbst verantwortlich ist. (Vielmehr wird er von dem, was stattfand, beängstigt und nicht imstande sein, die traumatische Bedeutung des Entwicklungsabbruches in sein Leben zu integrieren.)

Es gibt viele Formen von Hilfe, die dem Adoleszenten offenstehen, aber eine Einschätzung der Wirksamkeit einer Behandlung fordert, meiner Meinung nach, eine Klärung des Ziels einer Behandlung. Verschiedene Therapien können die Beziehung des Adoleszenten zu seinen Gleichaltrigen verbessern oder seinen Umgang mit sich selber erleichtern; andere Therapien können dem Adoleszenten die Bedeutung einiger seiner Handlungen und Stimmungen klar machen oder ihm Einblick in die Verbindung zwischen seinem jetzigen Verhalten, seiner Krankheit und seiner Beziehung zu den Eltern in der Vergangenheit verschaffen; wieder andere Therapien können ihm möglicherweise das Leben innerhalb seiner Familie erleichtern und ihm und anderen Mitgliedern seiner Familie dabei behilflich sein, gegenseitig mehr Verantwortung füreinander und für die Störungen der Anderen zu übernehmen. Aber ich möchte sehr klar zwischen einer Therapie unterscheiden, die den pathologischen Prozess rückgängig zu machen versucht (in welcher man dem Adoleszenten zu einer Kontaktnahme mit der Bedeutung seines Entwicklungsabbruches, seines Hasses und seiner Ablehnung des geschlechtsreifen Körpers verhilft) und einer Therapie, die darauf abzielt, das alltägliche Funktionieren des Adoleszenten zu verbessern. Aus diesem Grund glaube ich, dass eine individuelle Therapie über längere Zeit, mit mehreren Sitzungen in der Woche, am geeignesten ist oder am meisten Gewähr bietet, dem Entwicklungsabbruch und dem pathologischen Gewicht der Vergangenheit entgegenzuwirken. Es ist mir klar, dass es eine ganze Reihe von Schwierigkeiten gibt, welche der Ermöglichung eines solchen therapeutischen Vorgehens im Wege stehen. Es handelt sich dabei um Schwierigkeiten persönlicher, familiärer und ökonomischer Art. Wenn aber eine solche Behandlung aus irgendeinem Grunde nicht möglich ist, dann müssen wir, denke ich, unsere Therapieziele überdenken und uns ebenso vergegenwärtigen, welche Grenzen unserem Versuch, die pathologische Entwicklung rückgängig zu machen, innewohnen.

Meine eigene Haltung zur Frage der Therapie im Adoleszentenalter geht aber noch weiter. Es gibt, zum Beispiel, bestimmte Verpflichtungen, die einzugehen ich vom Adoleszenten und seiner Familie verlange, bevor ich eine Therapie beginne. Vor allem in den Fällen, in denen die Lebensgeschichte des Adoleszenten einen Suizidversuch aufweist oder bei denen ich das Risiko einer Lebensgefährdung hoch einschätze. Mit anderen Jugendlichen bin ich vielleicht weniger streng und kontrollierend, erwarte aber trotzdem, dass sie gewisse Verpflichtungen eingehen. Wenn ich mich beispielsweise dazu bereit erkläre, einen Jugendlichen zu behandeln, der einen Suizidversuch unternommen hat, so verlange ich die Zusicherung des Adoleszenten und seiner Eltern, dass ohne mein Einverständnis keine wesentlichen Veränderungen in seinem Leben vorgenommen werden, zum Beispiel die Aufnahme eines Studiums, der Wechsel des Arbeitsplatzes etc. Ebenso erwarte ich, dass der Jugendliche nicht alleine lebt und dass diese Situation während der gesamten Behandlung beibehalten wird, es sei denn, ich würde entscheiden, dass sie geändert werden könnte. Ist der Adoleszente hospitalisiert, so verlange ich vom Spital, vom Jugendlichen und von seinen Eltern ein Mitspracherecht bei den Entlassungsvorbereitungen. Ich könnte beliebig weiterfahren und aufzählen, was ich erwarte und zulasse etc., fast als würde ich die Gangart des Lebens eines Adoleszenten diktieren. Ich möchte aber damit auf etwas anderes aufmerksam machen, das ich bei jedem Jugendlichen beobachte, dessen Pathologie einen Abbruch des Entwicklungsprozesses enthält. Es handelt sich darum, dass Pathologie ernst genommen werden muss, dass sie bösartig werden kann, wenn sie nicht behandelt wird, und dass ich meine Aufgabe nur dann ausführen kann, wenn ich mir die Gefahren, die als Teil des Therapieprozesses vorhanden sind, bewusst mache. Ich darf diese Gefahren nicht verleugnen und werde mein Bestes tun, um die Therapie von Anfang an davor zu schützen. Indem ich das tue, versuche ich gleichermassen, den Adoleszenten und seine Familie zu veranlassen, über ihre Einstellung gegenüber Veränderung, das heisst eher gegenüber Gesundheit als gegenüber Krankheit, nachzudenken. Ich verlange damit auch von ihnen, einem Stück Verleugnung der Ernsthaftigkeit der Probleme entgegen zu treten, einer Verleugnung, die möglicherweise schon längere Zeit vor Behandlungsbeginn vorhanden gewesen ist, vielleicht sogar schon bevor die Pathologie erkannt worden ist. (Damit möchte ich die Beteiligten auch darauf aufmerksam machen, dass nicht ich den Jugendlichen krank gemacht habe, nicht ich mich für seine Krankheit verantwortlich fühle, dass ich aber die Verantwortung für seine Behandlung und für die Auflösung der vorhandenen Pathologie übernehme.) Es mag vielleicht erstaunen, zu hören, dass ich, wenn diese Anforderungen nicht erfüllt werden, nicht einverstanden bin, eine Behandlung zu beginnen.

Es mag ebenfalls überraschen, dass ich bei der Behandlung eines Jugendlichen, der sich in sexueller Hinsicht abnorm entwickelt, eine ähnliche Haltung einnehme. Ich nehme an, viele Leser haben die Erfahrung gemacht, dass es nicht ungewöhnlich ist, einen Jugendlichen zu treffen, der sehr erpicht auf den Beginn einer Behandlung ist, solange man ihm verspricht, sich nicht auf die sexuelle Abnormität zu konzentrieren. Dies ist z.B. der Fall bei gewissen Jugendlichen, die in homosexuellen Beziehungen stehen und sich mit der Frage befassen, ob sie in Zukunft ein homosexuelles Leben führen wollen oder nicht. Mit einer solchen Einschränkung bin ich nicht einverstanden. Im Gegenteil, ich mache es dem Jugendlichen klar, dass es zwar nicht zu meinen Aufgaben gehört, ihm seine sexuelle Abnormität wegzunehmen, dass ich aber darauf bestehe, ihn im Verlauf der Therapie mit der Bedeutung seiner Wahl in Berührung zu bringen. Das Ergebnis hiervon könnte sein, dass er sein homosexuelles Leben fortsetzen will oder dass er es aufgeben möchte. Wie auch immer das Ergebnis lauten wird, heisst dies, dass wir gemeinsam ein Verständnis der Pathologie erarbeiten. Dem Jugendlichen wird auf diese Weise die Möglichkeit gegeben wahrzunehmen, dass er im Stande war, einen aktiven Entscheid über die Gestaltung seines zukünftigen Lebens zu fällen. Ich mache dem Adoleszenten weiterhin klar, dass ich Homosexualität oder andere Perversionen als Zeichen dafür verstehe, dass eine Pathologie vorhanden ist. Obwohl ich ausserhalb meiner professionellen Tätigkeit nicht darüber urteile, betrachte ich diese Beurteilung innerhalb meines therapeutischen Auftrages als einen Teil meiner Verpflichtung dem Jugendlichen und seiner Zukunft gegenüber.

Man kann aus den Ausführungen zu meiner therapeutischen Haltung leicht herauslesen, welche Ansicht ich über Pathologie im Adoleszentenalter habe und dass eine Auflösung von Pathologie sowie eine Veränderung im Leben eines kranken Jugendlichen nicht mühelos erfolgen. Der therapeutische Prozess hat, wie ich glaube, eine sehr spezifische Aufgabe. Sie kann nur dann ausgeführt werden, wenn wir dem Entwicklungsprozess folgen, der den Jugendlichen in Berührung mit der Bedeutung seiner Vergangenheit und seiner Erkrankung im Adoleszentenalter bringt. Dies ist sowohl für den Jugendlichen als auch für den Therapeuten eine mühselige Aufgabe. Ich bin nicht der Ansicht, dass es irgendwelche Abkürzungen gibt. Statt dessen vergegenwärtige ich mir von Anfang an die gewaltigen Schwierigkeiten, die während jeder Therapie auftreten *müssen*, und versuche, den therapeutischen Prozess vor einigen davon zu schützen. Ich bin mir auch bewusst, dass in jeder Pathologie eines Adoleszenten eine riesige Menge Gewalttätigkeit steckt, gleichgültig wie still oder zufällig diese Pathologie scheinen mag. Ich weiss zudem, dass diese Gewalttätigkeit in die Übertragung einfliessen muss, um verstanden zu werden. Ohne dies klar vor Augen zu haben, ist meiner Meinung nach die Behandlung eines kranken Adoleszenten nicht möglich. Das Vorhandensein solcher Kräfte anzuerkennen bedeutet gleichzeitig, dass wir in viel stärkerem Ausmass befähigt werden, sie als Teil des Übertragungsgeschehens in der Therapie zuzulassen, statt sie zu fürchten und ihnen auszuweichen. Denn wir wissen, dass sie zu vermeiden nicht gleichbedeutend ist mit sie behandeln zu können.

Wenn ich sage, dass ich von Anfang an mit Schwierigkeiten rechne, so spreche ich nicht nur über den Adoleszenten, sondern auch über uns als professionelle Helfer. Man kann die Psychopathologie im Adoleszentenalter nur ernst nehmen, wenn wir fähig sind, unsere eigene Adoleszenz und unsere eigene Vergangenheit ernst zu nehmen. Ohne diesen Eigenbezug hätte unsere Arbeit, und vor allem unsere Behandlung von Jugendlichen, einen dumpfen Klang. Sie wäre dann nur eine Wiederholung von etwas, das wir gehört oder gelernt haben, statt von etwas, auf das wir vertrauen können. Ich hebe diesen Punkt am Schluss meiner Ausführungen hervor, weil es sich um eine Tatsache handelt, die anzuerkennen und über die zu sprechen oft schwierig ist. Die Idealisierung der eigenen Adoleszenz oder die Angst, wieder mit ihr in Berührung zu kommen, kann unsere Geringschätzung des kranken Adoleszenten verstärken oder das Bedürfnis in uns wecken, die Stellung der Adoleszenz im emotionellen Leben des Individuums zu verleugnen. Wenn wir uns an der Idealisierung unserer eigenen Adoleszenz festklammern, so haben wir uns unbewusst einen Teil unseres Neides, den wir dem Adoleszenten und seinem sexuellen Potential gegenüber empfinden, erhalten. Dadurch steigt das Risiko, dass wir den kranken Jugendlichen krank behalten wollen, möglicherweise als eine Art Bestrafung für die Kompromisse, die wir in unserem Leben gemacht haben oder meinten, machen zu müssen.

Meine Erfahrung mit Kollegen hat mich in meiner Ansicht bestärkt, dass eine solche Beziehung zur eigenen vergangenen Adoleszenz sowohl eine wichtige Rolle bei der Wahl der Behandlung spielen kann als auch dabei, auf welche Art und Weise man die Verantwortung, die einer solchen therapeutischen Arbeit innewohnt, für sich definieren kann. Obwohl unsere Einsichten in die Bedeutung der Psychopathologie im Adoleszentenalter noch beschränkt sein mögen, haben wir in den letzten 25 Jahren gewiss viel dazugelernt. Es wird uns allmählich klar, dass eine Reversibilität der psychischen Störungen im Adoleszentenalter mit der Zunahme von Verständnis und Einblick in diese Störungen zusammenhängt und andererseits mit unserer therapeutischen Geschicklichkeit. Ich habe deshalb zu betonen versucht, dass die Art und Weise, in welcher wir über die Psychopathologie nachdenken und wie wir diese bei der diagnostischen Beurteilung einsetzen, wie auch der Modus, nach welchem wir die Behandlung eines Adoleszenten durchführen, sich nicht auf Meinungen oder vorübergehende Modeerscheinungen abstützen dürfen. Sie müssen im Gegenteil eine genau umschriebene Sicht des psychischen Funktionierens und gewisser Behandlungsprinzipien, die in direkter Verbindung zu unseren Einsichten über die Bedeutung der Psychopathologie stehen, als Kernpunkte aufweisen. Verlangen wir die Erfüllung dieser Forderung nicht von uns, so werden wir dazu verführt, die destruktive Qualität der Pathologie im Adoleszentenalter zu verleugnen, und verlieren damit unser Engagement, diese Pathologie rückgängig zu machen. Meinen therapeutischen Erfahrungen sowohl mit Erwachsenen wie auch mit Jugendlichen entsprechend, ist jeder kranke Erwachsene ein kranker Jugendlicher gewesen; wenn wir uns also mit dem kranken Jugendlichen und seiner Behandlung beschäftigen, so bestätigen wir zugleich, dass wir dadurch vielleicht eine grosse Anzahl von Erkrankungen im späteren Leben verhindern können.

Übersetzung: K. Kraan / D. Bürgin

Einleitung zum Beitrag von M.E. Laufer

D. Bürgin

Psychoanalytische Arbeit mit schwer gestörten Jugendlichen ist ausserordentlich schwierig und zum Teil riskant. Die Beziehungskrise der Adoleszenz wird im Verlaufe der Psychoanalyse notwendigerweise zu einer Krise in der Beziehung zwischen Jugendlichem und Analytiker. In der Früh- und Mitt-Adoleszenz (d.h. zwischen etwa 13 und 15 Jahren) ist eine Psychoanalyse oft kaum möglich, da aufgrund der in diesem Zeitabschnitt erfolgenden Entwicklungsschritte (Rückzug der Besetzungen von den Primärobjekten, narzisstischer Rückzug, Vorbereitung der Besetzung neuer Objekte) kaum eigentliche Übertragsentwicklungen möglich werden. In diesen Fällen empfiehlt sich eher eine beraterische Arbeit mit den Eltern, eine Familientherapie oder eine psychoanalytische Psychotherapie.

In der Spätadoleszenz (ab ca. dem 17. Lebensjahr) werden Psychoanalysen mit schwer gestörten Jugendlichen eher möglich. Aber auch dann müssen die Eltern genau über das Ausmass der Störungen informiert werden; sie benötigen ein Wissen um das Entwicklungsrisiko mit und ohne Behandlung und müssen ihre elterliche Verantwortung wahrnehmen, sonst kann kaum eine Analyse ins Auge gefasst werden. Ob die Eltern während der Analyse ihrer Teenager eine eigene Beratung und Unterstützung brauchen, ist jeweils im Einzelfall zu klären. Nie sollte eine Analyse mit einem Jugendlichen unternommen werden, ohne dass die Eltern nicht mindestens *ein* Gespräch mit dem Therapeuten haben konnten, in welchem Pathologie und Ressourcen des Jugendlichen klar besprochen wurden.

Mit schwer gestörten Adoleszenten ist es bedeutend mühseliger, wenn nicht zum Teil gar unmöglich, ein *Arbeitsbündnis* aufzubauen, als mit erwachsenen Patienten. Zumindest im Beginn der Analyse und dann auch beim Durcharbeiten schmerzlicher, aber zentraler Konfliktbereiche ist ein solches besonders fragil. Beim Aufbau des Arbeitsbündnisses kommt es üblicherweise zu einer Ich-Spaltung des Patienten in einen relativ konfliktfreien, beobachtenden, sich mit dem Analytiker, d.h. dem analytischen Prozess, alliierenden Teil und einen, der die konflikt- und krankhaften, d.h. gestörten Anteile des Patienten enthält. Der Analytiker, zusammen mit dem beobachtenden Ich-Teil des Patienten, sorgt gegenüber der pathologischen Funktionsweise des andern Teiles, die sich in der konfliktuösen Aufladung der Übertragung manifestiert, für Dekonfliktualisierung und damit Kontinuität und Kohärenz und versucht so, die Dominanz konfliktärmerer Bereiche über konfliktreichere auszuweiten. Bei schwer gestörten Adoleszenten aber ist keine solche Ich-Spaltung möglich und damit auch nicht der übliche Aufbau eines Arbeitsbündnisses. (Es werden vom Adoleszenten übrigens auch viel weniger Träume, Erinnerungen und Alltagsereignisse berichtet als von Erwachsenen, was die übliche analytische Arbeit nicht erleichtert.) Das Ich solcher Jugendlicher wird, beinahe unausweichlich, von Wünschen und Phantasien geradezu überschwemmt, was den Analytiker zu *realen Interaktionen* nötigt. Denn das Bedürfnis des Adoleszenten, mit solch heftigen emotionalen Abläufen nicht allein zu sein, d.h. die Nötigung, diese (mit-)zu teilen, ist oft ausserordentlich hoch. (Der neurotische Erwachsene hingegen vermag so heftige Strömungen oft noch in sich zu bewahren.) Und wenn in der analytischen

Situation psychotische Übertragungsanteile auftauchen, bei welchen die Grenzen zwischen innerer und äusserer Realität vermischt werden, so steht das, was wir üblicherweise «Arbeitsbündnis» nennen, fast kaum mehr zur Diskussion.

Die Entwicklung einer Übertragungsbeziehung zwischen schwer gestörten Adoleszenten und dem Analytiker erzeugt enorm viel *Angst.* Sie kann vom Jugendlichen oft nicht ausgehalten werden und bewirkt, dass bezüglich psychischer Entwicklung ungünstige Lösungen, wie z.B. der Bruch mit der Realität oder Homosexualität, gewählt werden. Analysen mit schwer gestörten Jugendlichen tragen also, nicht zuletzt wegen des Ausagierens destruktiver Impulse, ein nicht kleines Risiko in sich. Das Dilemma, eine im psychischen Geschehen zentrale Masturbationsphantasie einerseits in die analytische Beziehung einzubringen, sie andererseits aber auch auszublenden und den Analytiker zu schützen, steht in engem Zusammenhang mit der physischen Reifung des Körpers während der Adoleszenz. Oft ist es für den oder die Jugendliche ausserordentlich schwierig, auf das intensive Bedürfnis zu verzichten, den Therapeuten in eine Verwirklichung seiner Phantasiewelt einzubeziehen und statt dessen Worte für dieses Geschehen zu gebrauchen sowie die Ängste über Kontrollverlust, welche hierbei aufkommen, auszuhalten.

Die Analyse der Gegenübertragungsgefühle des Analytikers und der Rückhalt in einer Gruppe von Therapeuten, welche die gleichen Erfahrungen teilen, ermöglicht es manchmal überhaupt erst, dass der Analytiker, und damit auch sein Patient, in konstantem Kontakt mit den selbst- oder objektzerstörerischen Impulsen des Jugendlichen bleiben und allmählich eine Trennung von omnipotenten Phantasien und äusserer Realität entstehen kann. Eine solche Kollegengruppe macht es möglich, dass der Analytiker immer wieder frischen Mut schöpfen kann, er sich nicht als Versager oder den Patienten gegenüber als völlig hilflos erlebt und er den Jugendlichen die destruktive Qualität gewisser Phantasien zeigen kann, ohne selbst zum Verfolger zu werden. Solange die Jugendlichen zu den Analysenstunden kommen, bringen sie eine Erwartung in die Analyse und erleben, dass sie den Analytiker nicht zerstören können, selbst wenn, z.B. wegen Schweigen oder Agieren, dem Analytiker kaum mehr Raum für eigentliche Deutungsarbeit bleibt. Eigentlich sollte man mit so schwierigen Patienten nie ohne den Rückhalt einer Gruppe arbeiten, da die Verführung gross ist, infolge der massiven Schwierigkeiten aufzugeben.

Wenn Präsenz und Deutungen die Haltefunktion nicht mehr erfüllen, der Jugendliche z.B. die Sitzungszeiten nicht mehr einhält, so ist zuweilen eine Hospitalisation unumgänglich. Ob ein gleich- oder ein gegengeschlechtlicher Analytiker für den jeweiligen Jugendlichen angemessener ist, muss von Fall zu Fall entschieden werden. Wenn z.B. ein männlicher Jugendlicher grosse Mühe hat, seine Gewalttätigkeit in seine Gesamtperson zu integrieren, so dürfte ein männlicher Analytiker geeigneter sein, da der Jugendliche sich möglicherweise bei einer Frau eher zu Gewaltanwendungen provoziert fühlen könnte. Eine sehr hübsche Adoleszente hingegen könnte bei einem Mann leichter verführerisch wirken und eher eine erotisierende Übertragung als Abwehr entwickeln. Eine schwere Mutterproblematik wiederum könnte durch eine Analytikerin vielleicht rascher in die Übertragung kommen, aber auch schneller in die Sackgasse paranoider Gefühlsentwicklung führen.

Das komplexe Wechselspiel zwischen Übertragung und Gegenübertragung wird im folgenden Beitrag von Frau E. Laufer, neben entsprechenden theoretischen Ausführungen, an drei Fallbeispielen erläutert.

Überlegungen zur Übertragungssituation in der Behandlung schwer gestörter Jugendlicher

M. Eglé Laufer

Das dynamische Wechselspiel zwischen Wünschen und Forderungen, das der Jugendliche innerhalb der Übertragungsbeziehung erlebt, sowie die spezifische Reaktionsweise, die dadurch hervorgerufen wird, dass es dem Jugendlichen nicht gelingt, den Analytiker dazu zu bringen, diese Wünsche zu befriedigen, sagt viel aus über den Schweregrad der Entwicklungsstörung wie auch über die Funktion und die Natur der Abwehrmechanismen, die der Jugendliche mobilisieren muss, um eine Verbindung zwischen der Übertragungssituation und dem psychischen Zusammenbruch, den er in der Pubertät durchgemacht hat, herstellen zu können. Genau diese Abwehrmechanismen verhindern, dass die Entwicklung des Jugendlichen von der Adoleszenz zum normalen Erwachsensein hin fortschreiten kann. Das Zusammenspiel dieser verschiedenen Kräfte habe ich die Dynamik der Übertragung genannt. Solange der Konflikt Teil einer aktuellen analytischen Erfahrung und im Vordergrund der analytischen Arbeit bleibt, kann die Analyse, wie schwierig sie auch sein mag, als ein kontinuierlich fortschreitender Prozess angesehen werden.

Das stufenweise Durcharbeiten dieses Geschehens innerhalb der Übertragungsbeziehung ermöglicht es dem Jugendlichen zu verhindern, dass er einmal mehr von der Angst, welche die fortschreitende Entwicklung der Adoleszenz auslöst, völlig überwältigt wird. Durch die Verringerung der Abhängigkeit von pathologischen Abwehrmechanismen wird der Entwicklungsprozess in Richtung Erwachsensein offen gehalten. In gewissen Fällen schwer gestörter Jugendlicher kann dadurch verhindert werden, dass es zu einem vorzeitigen Abschluss des Entwicklungsprozesses kommt, was geheissen hätte, dass der Jugendliche, unter dem Druck der starken Angst, zu einer vorschnellen Lösung, wie zum Beispiel der Homosexualität, gegriffen hätte.

Im Laufe unserer Arbeit machten wir die Erfahrung, dass es jugendliche Patienten gibt, die unfähig sind, ihre Ängste auszuhalten und statt dessen die Lösung wählen, die Analyse abzubrechen. Andererseits projizierten einige schwerer gestörte Jugendliche so heftig, dass es ihnen nicht mehr gelang, den Kontakt mit der Realität ausserhalb der Sitzungen aufrecht zu erhalten. In diesen Fällen nahm auch die Beziehung zum Analytiker eine so ausgeprägt verfolgende Qualität an, dass der Analytiker nicht mehr fähig war, diesem Jugendlichen zu helfen. Manchmal wurde gar eine Hospitalisation der Jugendlichen nötig. So mussten drei von neun Jugendlichen unserer letzten Studie während der Analyse hospitalisiert werden. Die Analyse wurde entweder während des Spitalaufenthaltes fortgesetzt oder nach Abklingen der Krise beim Austritt aus dem Spital wieder aufgenommen. Solche Hospitalisationen wurden typischerweise vor oder während eines langen Ferienunterbruches nötig oder als Reaktion auf einen missglückten Versuch des Jugendlichen, vermehrt wie ein unabhängiger Erwachsener zu funktionieren. Andere Male erlebten die Jugendlichen die äussere Realität als so überwältigend, dass sie sich völlig hilflos und ihrer Kontrolle beraubt fühlten.

Schon seit langer Zeit besteht die Erkenntnis, dass eine Analyse während der Entwicklungsperiode der Adoleszenz mit einem gewissen Risiko verbunden ist. Die ersten Erfahrungen von Analytikern, die Jugendliche in Analyse nahmen, bewirkten, dass diese zur Ansicht gelangten, im Falle von Jugendlichen sei eine Analyse nicht indiziert, ausgenommen vielleicht bei leichteren Funktionsstörungen. Unsere eigenen Erfahrungen haben bestätigt, dass jede Analyse eines schwer gestörten Jugendlichen ein gewisses Risiko in sich birgt, nämlich, dass die Analyse entweder misslingt, es innerhalb der Analyse zu schwerwiegendem Ausagieren von destruktiven oder selbstzerstörerischen Impulsen kommt oder dass der Jugendliche einen zeitweiligen psychotischen Zusammenbruch erlebt. Wie die klinischen Beispiele zeigen werden, kann der Jugendliche nur dann Hoffnung schöpfen, dass seine Konflikte nicht negiert, abgespalten oder verdrängt bleiben müssen, wenn der Analytiker bereit ist, sich auf die Bereiche einzulassen, in denen die Konflikte am ausgeprägtesten und am meisten Angst auslösend sind, auf Bereiche also, in welchen das Risiko am grössten ist.

Der Jugendliche, der seine Gefühle, Gedanken und Ängste nicht mehr kontrollieren kann, muss das Gefühl haben, er sei verrückt. Die Analyse, und insbesondere die Erfahrung der Übertragung, enthält immer eine gewisse Bedrohung für den Jugendlichen, der Abwehrmassnahmen braucht, um bestimmte Gedanken oder Gefühle zu vermeiden. Die Angst, verrückt zu sein und die Kontrolle zu verlieren, kann bewirken, dass der Jugendliche meint, er könne nur dann Erleichterung finden, wenn er die Kontrolle einmal mehr dadurch übernehme, dass er unter Einbezug seines Körpers zu agieren beginne. Der gegenwärtige Inhalt des spezifischen Verhaltens oder der Handlungen des Jugendlichen hat immer eine besondere symbolische Bedeutung für ihn, die mit dem Inhalt derjenigen Gedanken oder Gefühle verknüpft ist, welche der Jugendliche vermeiden muss. Der Drang zu handeln ist aber, im Gegensatz zu Gedanken oder Gefühlen, ein Mittel, welches dem Adoleszenten erlaubt, die Erfahrung, sich verrückt zu fühlen, zu verleugnen. Soweit es zu den Aufgaben des Analytikers gehört, den Handlungen Bedeutung und Inhalt zu verleihen, wird der Jugendliche den Eindruck haben, der Analytiker beraube ihn seiner einzigen Abwehrmöglichkeiten, welche z.B. die Form von suizidalen Handlungen, Hautschnitten, Drogeneinnahme oder bulimischen Fress- und Stopfattacken haben können, wie bei den 9 Jugendlichen, die wir behandelt haben. Auf einer unbewussten Ebene hatte die Analyse für diese Jugendlichen immer die Bedeutung einer Forderung des Analytikers, gerade das aufzugeben, was es ihnen ermöglicht hatte, ein Gefühl der Kontrolle über sich zu haben und was als Mittel diente, um sich selbst zu helfen. Wir haben in einer früheren Arbeit beschrieben, wie die «zentrale Masturbationsphantasie» der unbewussten Überzeugung des Jugendlichen entspricht, dass es ihm nur durch das Ausagieren dieser spezifischen Phantasie möglich sei, seine libidinösen wie auch narzisstischen Bedürfnisse zu befriedigen. Die zentrale Masturbationsphantasie muss auch einer spezifischen Beziehung des Jugendlichen zum eigenen sexuellen Körper entsprechen, da sie eine Vorstellung über den Körper enthält, die der Jugendliche besitzen muss, wenn er sie verwirklichen will. Eine solche Phantasie über den Körper kann, im Falle des schwer gestörten Jugendlichen, recht weit von der Realität entfernt sein. Ein männlicher Jugendlicher z.B. mag die unbewusste Vorstellung haben, er besitze einen weiblichen Körper, der es ihm erlaubt, die Phantasie, passiv penetriert zu werden, auszuleben. Eine solche Penetrationsphantasie fand sich bei manchen der männlichen Jugendlichen unserer Studie. Ein derart verzerrtes Körperbild kann gelegentlich - wenn es bei Abschluss der Adoleszenz als Teil der endgültigen sexuellen Organisation integriert wird - gleichbedeutend sein mit einem Aufgeben des Bezuges zu einem Teil der äusseren Realität und der Wirklichkeit des eigenen Körpers. Damit kann auch die Grundlage für eine Perversion oder einen Bereich psychotischen Funktionierens geschaffen werden. Ist der ursprüngliche psychische Zusammenbruch in der Pubertät erfolgt, so lässt sich dies wie folgt verstehen: angesichts der physischen Veränderungen im Körper fühlt sich der oder die Jugendliche von der Angst überwältigt, den eigenen Körper nicht kontrollieren zu können; so entsteht die Vorstellung, gezwungen zu sein, die Phantasie aufzugeben, den idealisierten Körper der Vorpubertät weiterhin zu besitzen. Bis anhin war er von diesem idealisierten Körper abhängig gewesen, um sich in seiner Beziehung zu seinen Eltern sicher zu fühlen.

Das zwanghafte Bedürfnis des schwer gestörten Jugendlichen, die zentrale Masturbationsphantasie auszuleben, hat seinen Beweggrund nicht nur im Wunsch, libidinöse oder narzisstische Bedürfnisse zu befriedigen, sondern auch darin, Angst zu vermindern. Diese Angst entsteht durch die Notwendigkeit, den Körper mit seinen neuen sexuellen Möglichkeiten und den dadurch möglich werdenden ödipalen Identifikationen in Verbindung zu bringen. Die zentrale Masturbationsphantasie enthält deshalb immer beides, nämlich die Möglichkeit, das idealisierte präpubertäre Körperbild aufrecht zu erhalten, und auch den Wunsch, eine aktive sexuelle Rolle zu übernehmen. Die Angst, die in Beziehung steht zu dem vorgängig in der Pubertät erfolgten Zusammenbruch, ist die drängende Kraft hinter dem kontinuierlichen Versuch des Jugendlichen, die zentrale Masturbationsphantasie ins Übertragungsgeschehen einzubringen, und seinen unbewussten Anstrengungen, den Analytiker zu zwingen, an der Verwirklichung dieser Phantasie in der Übertragung teilzunehmen. Der kämpferische Versuch des Adoleszenten, ein Gefühl der Kontrolle über den Analytiker zu bekommen, und sein unbewusstes Bedürfnis, den Analytiker zur Teilnahme an seinen Wünschen zu nötigen, wird meistens in ein Ringen um das analytische Setting verschoben. Sich auf die Couch legen, fünfmal pro Woche zu den abgemachten Zeiten in die Sitzungen kommen, die Sitzungen präzise beenden oder vieles andere, kann in diese kämpferische Auseinandersetzung einbezogen werden. Ferien, die einen Bruch in der Kontinuität beinhalten, sind für den Jugendlichen wie ein zusätzlicher Beweis seines Unvermögens, die Phantasie einer Kontrolle über den Analytiker aufrecht zu erhalten. Der dauernd wirksame Impuls des Jugendlichen, die Phantasie eines omnipotenten Analytikers durch Angriffe auf das analytische Setting zu zerstören, kann dann, wie schon früher erwähnt, eine Regression auf das Niveau einer vorgängigen psychischen Krankheit aufnötigen, bei welcher der Jugendliche auf Abwehrmechanismen zurückgreift, die seinen Bezug zur Realität bedrohen und eine Hospitalisation erforderlich machen. Der Jugendliche glaubt unbewusst, dass er, indem er seinen eigenen Körper angreift oder sich auf andere Weise schädigt, den Analytiker angreife und dessen Phantasie einer allmächtigen Kontrolle über den Jugendlichen zerstöre. Der Analytiker muss sich dieses Geschehens immer bewusst sein und es auch dem Jugendlichen bewusst machen, um dessen Abhängigkeit von solchen Handlungen zu vermindern, welche der Abwehr eines Kontrollverlustes dienen.

Analytische Fallbeispiele

Dieser Abschnitt fusst auf Berichten von Analysen einiger Patienten, die im Rahmen unseres Forschungsprogramms behandelt wurden. Meine persönlichen Kenntnisse des Materials stammen aus der Teilnahme an den wöchentlich stattfindenden, fallbezogenen Gruppendiskussionen, in denen die bedeutsamsten Themen jedes Falles besprochen wurden. Eine wesentliche Funktion der Gruppe bestand darin, dem Analytiker zu helfen, in Berührung mit den destruktiven Anteilen des Materials der Jugendlichen zu bleiben. Im vorausgehenden Abschnitt habe ich die Rolle der destruktiven Impulse in der Dynamik der Übertragungsituation als Ausdruck des Bedürfnisses des Jugendlichen beschrieben, weiterhin die Kontrolle über die Angst zu behalten, die durch die analytische Situation sowie durch die Phantasien über den Analytiker mobilisiert wird. Wenn die unterschiedlichen Arten, mittels welcher die Jugendlichen solche zerstörerischen Impulse ausdrücken, untersucht werden, so scheint es, als ob sie sich unter den drei folgenden Aspekten beschreiben liessen:

Die erste Gruppe von Adoleszenten ist dadurch charakterisiert, dass der Analytiker auf seine eigene Angst vor der gegen ihn oder gegen das analytische Setting gerichteten Gewalt aufmerksam wurde.

Die zweite Gruppe umfasst diejenigen Jugendlichen, die dem Analytiker das Gefühl gaben, er müsse andauernd auf der Hut sein vor der Möglichkeit selbstdestruktiver Angriffe des Jugendlichen auf dessen eigenen Körper oder Leben. Zu dieser Gruppe gehören vier Jugendliche.

Zur dritten Gruppe gehören die Jugendlichen, bei denen die Destruktivität sich eher in der Verwirrung des Analytikers und seinem Gefühl von Hilflosigkeit widerspiegeln. Die Drohung, welche diese Jugendlichen zeigten, war gegen die Analyse selbst gerichtet, indem die Jugendlichen entweder die Analyse abbrechen wollten oder ohne Hospitalisation nicht mehr funktionieren konnten und dadurch dem Analytiker verunmöglichten, ihnen zu helfen. Drei Jugendliche konnten dieser Gruppe zugeordnet werden.

Wenn wir die Unmittelbarkeit des Erlebens einer Übertragungsbeziehung als Kriterium des Analytikers für eine Gruppeneinteilung dieser Jugendlichen benützen, so betonen wir einen wichtigen Faktor. Der Analytiker ist nämlich in der Analyse so schwer gestörter Jugendlicher viel direkter in den Prozess einbezogen, als dies bei Erwachsenen der Fall ist. Der Jugendliche sucht Bestätigung für seine Überzeugung, dass der Analytiker nun für das, was der Jugendliche erlebt, d.h. für sein gesamtes gegenwärtiges Leben, völlig verantwortlich sei und dass er ihm somit ermögliche, die Erinnerung an frühere Erfahrungen weiterhin zu unterdrücken. Der Analytiker seinerseits, angesichts der realen Gefahr in Alarmbereitschaft versetzt und damit gezwungen, direkt am aktuellen Geschehen teilzunehmen, wird dadurch zeitweilig dazu geführt, sich unfähig zu fühlen, sein Verständnis über die Zusammenhänge zwischen den aktuellen Erfahrungen und dem vergangenen Erleben des Jugendlichen anzuwenden. Der Jugendliche kann somit weiterhin jegliche Einsicht bezüglich der Kontinuität zwischen seinen früheren und seinen aktuellen Gefühlen verleugnen.

Nicht nur hat der Analytiker das Empfinden, wie hilflos gemacht zu werden, sondern er sieht sich dauernd in Gefahr, zuzulassen, dass der Jugendliche ihn als omnipotent erlebt. Der Analytiker bleibt Zielscheibe der unbewussten destruktiven Impulse des Jugendlichen, bis es gelingt, dem Jugendlichen die Realität des Analytikers und den Unterschied zwischen dieser Realität und der omnipotenten Phantasie des Adoleszenten über den Analytiker bewusst zu machen. Dies liess sich ganz besonders in der ersten Gruppe nachweisen.

Bill, einer der Jugendlichen der ersten Gruppe, schwieg nach den ersten Sitzungen während der folgenden neun Monate seiner Behandlung. Während der ganzen Periode bekam der Analytiker Signale von Bill, dass in seiner Beziehung zu ihm eine mögliche Bedrohung enthalten sei. Bill hatte in der ersten Stunde von einer Schlägerei mit seinem Vater erzählt; er hatte beigefügt, dass er sich dabei seiner physischen Kraft bewusst geworden sei, die es ihm ermögliche, den Vater zu besiegen. Der Analytiker gewann den Eindruck, dass Bill durch sein Schweigen unbewusst ausdrückte, wie wichtig es für ihn sei, ein Gefühl der Kontrolle über die Sitzungen zu haben, um gewiss sein zu können, dass er die Kontrolle über den Wunsch, den Analytiker anzugreifen, nicht verliere. Bill war massiv übergewichtig. Er nahm den Analytiker als einen Mann wahr, dem er sich mit seinem Körper vorstellte, um angeschaut zu werden. Er glaubte, der Analytiker würde ihn wegen seines Körperumfanges und seiner Unfähigkeit, die Kontrolle über seinen Körper zu haben, demütigen und beschämen. Es schien, als ob die Gewalttätigkeit ein wesentlicher Aspekt der zentralen Masturbationsphantasie geworden sei und als ob Bill das Gefühl hätte, er müsse erst jemandem, wie zum Beispiel dem Vater, Schmerz und Demütigung zufügen, bevor er das Gefühl zulassen könne, einen sexuellen Körper zu besitzen, der zu anderem dienen könne als nur zur weiteren Demütigung. Er benutzte seine Fähigkeit, den Analytiker durch sein Schweigen zu kontrollieren, als ein Mittel, um ihm zu zeigen, dass er die Kontrolle über seine Bedürfnisse behalten könne. Er begann Gewicht zu verlieren, und es schien, als ob ihm dies ein wenig Hoffnung für sich selbst gäbe und ihm ermögliche, sich von seiner Phantasie darüber, wie ihn der Analytiker wahrnähme, weniger verfolgt zu fühlen.

Bevor er zu schweigen begann, phantasierte er, er fahre in der Untergrundbahn und löse den Alarm aus. Es schien, als ob er dem Analytiker sagen wollte, wie sehr er sich zu jener Zeit gedrängt fühlte, etwas zu tun, wie zum Beispiel den Alarm auslösen, weil die Analyse in ihm soviel Angst mobilisierte. Die einzige Möglichkeit, das Gefühl aufrecht zu erhalten, die Situation kontrollieren zu können, bestand offenbar darin, die Analyse selbst durch sein Schweigen zum Stillstand zu bringen. Die analen Masturbationspraktiken, von denen er erzählte, brachten seine Überzeugung zum Ausdruck, dass er seinen Penis nicht gebrauchen oder besitzen könne, weil dieser ihn nur noch weiterhin gedemütigt hätte, wohingegen die Phantasie, seinen Anus zu gebrauchen, ihm erlaubte, seinen Wunsch, eine Frau zu sein, auszuleben. Bill konnte seinen Wunsch, eine Frau zu sein, in defensiver Weise nutzen, da dieser ihm zu phantasieren ermöglichte, er könne eine Beziehung zu einem Mann haben und dabei sexuelle Befriedigung erlangen, ohne das Gefühl zu haben, er müsse ihn angreifen oder zerstören. Diejenige Seite der zentralen Masturbationsphantasie, welche die Möglichkeit einer sexuellen Beziehung zwischen einer Frau und ihm umfasste, schien völlig verdrängt. Bill brauchte die homosexuellen Phantasien in defensiver Weise, um das Erleben von Angst, angesichts möglicher Beziehungen mit Frauen, zu vermeiden. Obwohl er beim Onanieren seinen Körper mit dem einer Frau identifizierte, konnte er so tun, als ob er keine Frau mehr bräuchte. Indem er ein Penis-ähnliches Objekt benutzte, mit dem er in seinen Anus eindringen konnte, vermochte er sich der Illusion hinzugeben, er sei nicht mehr auf seinen Penis angewiesen.

Bill erlebte die Versuche des Analytikers, ihm zu helfen, möglicherweise so, als ob dieser versuchte, in seine Seele einzudringen. Wenn er dies zugelassen hätte, hätte er dem Analytiker Macht und Kontrolle über dessen Penis gegeben. Bill wäre dadurch seine Lösungsart, die ihm zur Verfügung stand, nämlich der Gebrauch eines Penis, den er in analer Masturbation kontrollieren konnte, wie weggenommen worden. Sein Realitätsbezug war infolge seines Bedürfnisses, sich von der realen Welt zurückzuziehen, um sich dadurch seine Unabhängigkeit zu bestätigen, bereits ziemlich beeinträchtigt. Das ganze erste Analysejahr wurde vom Analytiker gebraucht, um Bill darin zu unterstützen, dass er zulassen konnte, mit seinem Wunsch in Berührung zu kommen, sich realistischer vom Analytiker helfen zu lassen, statt seinem unbewussten Wunsch nachzugeben, einen anderen Körper zu bekommen oder den Analytiker zu zwingen, in sein Schweigen einzudringen. Es schien, als ob Bill zum Zeitpunkt seines psychischen Zusammenbruches im College, der ihn in die Analyse gebracht hatte, eine Lösung für seine Depression gefunden hätte, nämlich sich von der äusseren Welt zu isolieren und sich auf ein inneres Phantasieerleben seines Körpers zurückzuziehen, wie das zum Beispiel in seinen masturbatorischen Aktivitäten und den zwanghaft anmutenden Essattacken geschah. Bevor er es riskieren konnte, eine Beziehung zum Analytiker zuzulassen, musste er spüren, dass er seinen Körper und dessen Bedürfnisse einmal mehr kontrollieren konnte.

Die Jugendlichen der zweiten Gruppe, die ebenso unter dem Drang standen, destruktive Handlungen auszuführen, richteten diese direkt gegen ihren eigenen Körper. Der Analytiker erlebte den unbewussten Angriff auf ihn selbst, der in solchen Handlungen enthalten war, mehr im Sinne eines ausgelassen Werdens und vom Erleben des Adoleszenten abgeschnitten Seins. In diesen Fällen ist es, als ob der Analytiker seinen Weg zur Arena, wo die zentrale Masturbationsphantasie ausgelebt wird, erkämpfen müsste. Dies steht im Gegensatz zur ersten Gruppe, in der er mehr gezwungen wird, aktiv daran zu partizipieren. Die Jugendlichen dieser zweiten Gruppe schienen eine grössere Fähigkeit zu haben, die Gefühle, welche in der Beziehung zum Analytiker erweckt wurden, zu verdrängen. Vielleicht hängt das damit zusammen, dass diese Jugendlichen ihren sexuellen Körper auf der bewussten Ebene auf so intensive Weise als Quelle ihrer Gefühle von Hoffnungslosigkeit oder Hass erlebten, dass diese weniger leicht auf den Analytiker projiziert werden konnten. Die Angst dieser Jugendlichen scheint sie nicht so abhängig zu machen von der Möglichkeit, die äussere Welt oder den Analytiker kontrollieren zu können, solange sie das Gefühl aufrecht erhalten können, es sei ihnen möglich, den eigenen Körper zu kontrollieren, indem sie ihn angriffen oder zerstörten. Die Jugendlichen der ersten Gruppe haben sich, verglichen mit denen der zweiten, in ihrer pathologischen Entwicklung dem Vollzug einer Spaltung innerhalb der inneren Repräsentanz ihres sexuellen Körpers bedeutend mehr angenähert. Mit Hilfe von projektiven Mechanismen wird diese Spaltung aufrecht erhalten, indem die Objekte sowie die äussere Welt als Behälter der eigenen gehassten Anteile und als Quelle der Angst erlebt werden. Die Jugendlichen der zweiten Gruppe hingegen fürchten sich vor den eigenen gehassten Anteilen, die sie als aus ihrem eigenen Körper herstammend phantasieren.

Sarah, eine Jugendliche der zweiten Gruppe, hatte davon gesprochen, sterben zu wollen und hatte einige Zeit, bevor sie die Analyse begann, einen Suizidversuch unternommen. In der Analyse erwähnte sie Suizidgedanken und begann kurz danach, sich mit Nahrung vollzustopfen. Sobald sie alles, was sie in sich hineingestopft hatte, wieder erbrochen hatte, vermochte sie sich «allein und ruhig» zu fühlen, so als ob sie nun ihren Körper nicht mehr zu zerstören bräuchte. Denn sie hatte sich scheinbar von allem in und ausser ihr entledigt, was sie hätte zwingen können, irgendein Gefühl zu empfinden, das sie veranlasst hätte, ihren Körper anzugreifen. Die unbewusste Phantasie einer Befriedigung, welche sie nötigte, diese Art von destruktivem Angriff auf den eigenen Körper zu wählen, hatte den Charakter eines verbotenen Gefühlsreizes. Es war, als ob sie einen Weg gefunden hätte, der gleichbedeutend damit war, sich zur Befriedigung ihrer Bedürfnisse nicht mehr von der Mutter oder der Analytikerin abhängig zu fühlen. Aber sie fürchtete auch der Mutter oder der Analytikerin diese Fähigkeit zu zeigen, da dies auch sie selbst zerstören würde. Die Tatsache, einen weiblichen sexuellen Körper zu haben, erlaubte es Sarah, besonders falls sie ihn in der Beziehung zu einem Mann gebrauchen könnte, der Mutter oder der Analytikerin das Gefühl zu vermitteln, sie brauche diese nicht mehr. Sie verlieh Sarah auch den Eindruck, sie bräuchte ihren Körper nur zu hassen und hätte so die Möglichkeit, die Mutter zu zerstören. Sarahs Analytikerin wurde andauernd darauf aufmerksam gemacht, dass Sarah die Vorstellung, die Analytikerin könne ihr helfen, nicht zulassen konnte, sondern statt dessen verzweifelt glaubte, jede solche Möglichkeit zerstören zu müssen. Dies konnte sie erreichen, indem sie voller Erregung von ihren Ess- und Brechattacken erzählte. Sie zwang damit die Analytikerin unbewusst dazu, ihre Aufmerksamkeit darauf zu richten, was Sarah tun könne, anstatt selbst zu spüren, was die Analytikerin tun konnte. Es schien, als ob sie nur dann Erregung fühlen konnte, wenn sie sich in der Lage fühlte zu zeigen, dass die Analyse ihr nicht helfe. Das war die Wiederholung dessen, was sie ihren Eltern anzutun glaubte, wenn sie ihnen triumphierend das Erbrochene zeigte. Aber der Hass auf sich selbst und auf ihren Körper, den sie auf Grund des Eindrucks verspürte, sie sei in der Lage, die Phantasie, die Mutter zu zerstören, in die Tat umzusetzen, gab ihr ein Gefühl, als ob sie sterben müsse. Nur wenn sie die Nahrung erbrochen hatte und sich leer fühlte, konnte sie sich erneut vor dem eigenen Drang sicher fühlen, ihren Körper zu zerstören. Die Analytikerin fühlte sich hilflos gemacht, einerseits weil Sarah an die Stelle des Erlebens in der Analyse das unmittelbare Agieren setzte, andererseits weil sie gleichzeitig vor den destruktiven Gefahren, die in diesen Handlungen enthalten waren, auf der Hut sein musste. Das Festhalten an diesen defensiven Mechanismen, die Sarah das Gefühl gaben, die Kontrolle über das Geschehen zu behalten, bewirkte, dass sie sich schliesslich gezwungen fühlte, die Begegnungen mit der Analytikerin zu vermeiden und stattdessen zu Hause zu bleiben und sich voll zu essen. Statt dass die Analytikerin als jemand erlebt wurde, der ihr hätte helfen können, wurde diese in Sarahs Phantasie zur Verfolgerin, die sich zwischen sie und die Mutter stellte. Somit sah Sarah die Analytikerin unbewusst als diejenige, die sie nun für den gefürchteten destruktiven Angriff auf die Mutter verantwortlich machen konnte. Indem die Analytikerin ihre Aufmerksamkeit auf das richtete, was Sarah mit diesem Vorgehen ihrem Körper antat, wurde sie gezwungen, ihre Angst zu zeigen, die Sarah selber zu verleugnen suchte, nämlich die Angst vor dem zwanghaft anmutenden Drang, ihren eigenen weiblichen sexuellen Körper zu zerstören.

Auch John, ein Jugendlicher der dritten Gruppe, hatte im Alter von 14 Jahren einen Suizidversuch gemacht. Die Analytikerin beschreibt Johns panische Angst, sie würde völlig verschwinden, wenn sie nicht bei ihm sei. Gleichzeitig aber vermittelte er der Analytikerin den Eindruck, dass es für sie keine Möglichkeit gäbe, während der Therapiestunden eine emotionale Erfahrung mit ihm zu teilen. Sie hatte das Gefühl, sie müsse hinter dem Patienten her rennen, um zu versuchen, ihn in die Analyse einzubeziehen. Gleichzeitig aber müsse sie vermeiden, seinem Bedürfnis nachzugeben, ein Gefühl der Kontrolle über sie zu haben. John hasste seinen Körper, weil er ihn als Quelle von Phantasien und Gefühlen erlebte, welche ihn hätten wahrnehmen lassen können, dass er von der Analytikerin abhängig sei oder sie brauche. Anstatt diese Gefühle zu erleben, hatte er den Eindruck, er brauche Drogen, besonders an Wochenenden oder während Ferien, um das Gefühl aufrecht zu erhalten, er habe die Kontrolle, und um nicht das Risiko eingehen zu müssen, sich zurückgewiesen zu fühlen. Als die Analytikerin eine Stunde absagen musste, wurde er gewahr, dass er die Phantasie, die Analytikerin zwingen zu können, bei ihm zu bleiben und damit sein Bedürfnis nach ihr zu befriedigen, nicht aufrecht erhalten konnte. Er wurde verwirrt und hatte das Empfinden, den Kontakt mit der Realität zu verlieren. Er äusserte das Gefühl, die Analytikerin nicht von der Mutter unterscheiden zu können, so als ob auch sie ihn zurückgewiesen hätte. Johns Angst, verrückt zu sein, weil er seine Gedanken nicht mehr kontrollieren könne, bewirkte, dass er die Beziehung zu seinem eigenen Körper als Quelle der Gewissheit, er könne die Kontrolle weiterhin innehaben, zu benutzen versuchte. Bevor er die Analyse begonnen und den Suizidversuch gemacht hatte, der ihn in Behandlung brachte, hatte sich John einem strikten Regime unterzogen, um sich körperlich stark und fit zu machen, gleichsam als hätte er damit versucht, ein Gefühl der Kontrolle über die Entwicklung seines Körpers wieder zu erhalten. Nach der Erfahrung - die er auch später in der Beziehung zur Analytikerin wiederholte -, dass er die Mutter, die ihn verlassen hatte, um an ein Begräbnis zu gehen, nicht hatte zwingen können, bei ihm zu bleiben, hatte er beschlossen, sich umzubringen. In den Sitzungen schien es, als ob er die Vorstellung, seinen machtvollen verrückten Gedanken nachzugeben, inszenieren würde; als ob diese die Gewalt über seinen Verstand bekämen. Er fühlte sich dann gleich verwirrt wie als kleines Kind, wenn er von der Mutter allein gelassen worden war und jegliches Gefühl von Ärger ihr gegenüber hatte ausblenden müssen. Der Hass, den er für seinen Körper empfand, wenn er befürchtete, die Kontrolle über ihn zu verlieren, schien in der Phantasie enthalten, ihn im Stich zu lassen. So erschien John ohne jegliches Zeitgefühl verspätet zu den Sitzungen und vernachlässigte seine äussere Erscheinung. Als Kind war er von zu Hause weggelaufen und hatte gesucht und zurückgebracht werden müssen. Als er offensichtlich einer Spitalpflege bedurfte, brachte er damit gleichzeitig seinen Ärger über die Analytikerin zum Ausdruck, indem er ihre Fähigkeit, ihm kontinuierlich zu helfen, zerstörte und ihr auf diese Weise auch zeigte, dass sie sein Bedürfnis nicht erfüllt hatte, sie als Teil seiner selbst zu erleben und somit ganz unter seiner Kontrolle und unfähig zu sein, ihn zu verlassen. Die Destruktivität, die in diesem Wunsch, die Analytikerin als Teil von sich selbst zu erleben, enthalten war, gab ihm sowie der Analytikerin den Eindruck, seine Phantasie bestünde aus der Vorstellung, er hätte Gewalt über die Analytikerin und könne sie zerstören und vice versa. Um diese Phantasien abzuwehren und die Analytikerin zu schützen, musste er Wege finden, um sich nicht auf die analytische Beziehung einzulassen. Als er dies schliesslich nicht mehr ohne Drogen tun konnte, brach er die Analyse ab. Es schien, als ob er sich nur mit Objekten, die Teil seines eigenen Phantasielebens und damit unter seiner Kontrolle waren, sicher fühlen konnte; genauso, wie er dies als Kind mit seinem Teddybär getan hatte, den er übrigens während der Analyse zum Schlafen zu sich ins Bett nahm. Der

Konflikt, den er in der Analyse zum Ausdruck brachte, bestand zwischen dem Wunsch, die Analytikerin in seine zentrale Masturbationsphantasie einzubeziehen, und der Angst, sie oder sich zu zerstören, wenn er das täte. Je mehr die Analytikerin versuchte, John aufzuzeigen, wie sehr er die Analyse durch sein Nichterscheinen zu zerstören suchte, desto verzweifelter wurden seine Versuche, Gefühlszustände zu finden, die dem Eindruck gleichkamen, es stünde ihm ein Substitut für die Sitzungen zur Verfügung. John benutzte die Möglichkeit, sich unter Drogeneinfluss seinen Gedanken in konfuser Weise zu überlassen, in gleicher Weise, wie Sarah die Erregung des Sich-voll-Stopfens und Erbrechens gebraucht hatte, um die Analytikerin auszublenden. Beide Analytikerinnen wurden gewahr, dass die Analyse diesen Jugendlichen nicht genügend Halt geben konnte. Der zwanghaft anmutende Drang, sich ein Gefühl einer Alternative zu verschaffen, welches erlauben sollte, ihre Analytikerin zu ersetzen, verunmöglichte es diesen Jugendlichen, ihre Symptome aufzugeben. Unbewusst schienen sie von der Vorstellung auszugehen, unfähig zu sein, eine Alternative für das Gefühl zu finden, völlig von der Mutter abhängig sein zu müssen. Die einzige verbleibende Möglichkeit, um sich frei von dieser Abhängigkeit zu fühlen, bestand allem Anschein nach in der Zerstörung ihrer selbst. Die Analyse abzubrechen konnte aber auch zur Alternative werden gegenüber ihrer Befürchtung, sich umbringen zu müssen, so als ob dies die einzige Art gewesen wäre, auf welche diese Jugendlichen hätten lebendig bleiben können.

Übersetzung: S. Keller / D. Bürgin

Einleitung zum Beitrag von Chr. Dare

D. Bürgin

Die Interaktion von Subjekt und Objekt hinterlässt in der Innenwelt des Subjekts (z.B. des Säuglings, des Klein- oder Latenzkindes wie auch des Adoleszenten) in fortschreitender Auskristallisierung Spuren, die sich abstrahiert als Selbst- und Objektrepräsentanzen beschreiben lassen. Identität und «Selbst» als Substrukturen des Ich entstehen in dialogischen Bewegungen mit dem DU (Primärobjekte und deren Nachfolger) und dem WIR (Familie, Gruppe). Die Natur der Innenwelt eines Menschen lässt sich in der therapeutischen Dyade anhand der emotionalen Bewegungen der Übertragung erforschen. So entsteht ein Verständnis über die inneren Vorgänge und die Motivationen von aktuellen Interaktionen eines Individuums mit seiner Aussenwelt. Die Beziehungskonfigurationen zwischen den Mitgliedern einer Familie können im familientherapeutischen Prozess ergründet werden. Sie zeigen auf, welche emotionalen Austauschvorgänge im Beziehungsgeschehen die psychische Entwicklung jedes einzelnen Familienmitgliedes strukturieren. Dabei wird die in der Kinderanalyse seit Jahrzehnten bekannte Tatsache, dass auch zwischen Familienmitgliedern Übertragungsprozesse ablaufen, offensichtlich.

Chris Dare stellt in seinem Beitrag dar, wie wesentlich das Durcharbeiten der intrafamiliären Übertragungen, die den Symptomen des Indexpatienten zugrunde liegen, für den analytisch-therapeutischen Prozess ist. Er geht hierbei, wie auch Th. Bauriedl (1980), von der Beziehungsanalyse als theoretischem Basismodell der Familientherapie aus und beschreibt im folgenden klinisch detailliert den Trennungs- und Individuationsprozess innerhalb von zwei Therapien, die mit magersüchtigen Menschen durchgeführt wurden. Die erste davon ist eine psychoanalytische Einzeltherapie, in welcher die Objekterfahrungen aus der Kindheit rekonstruiert wurden. Die Patientin, welche, wie die meisten Anorektikerinnen, ein sehr fragiles Selbstgefühl besass und fürchtete, von der Stärke des jeweiligen Gegenübers überwältigt zu werden, benutzte Negativismus und Trotz zur Differenzierung und Stabilisierung ihrer Selbstrepräsentanz. Es blieb allerdings unklar, wie weit das Rekonstruierte der ehemaligen Realität entsprach. Die analytische Situation gibt keine Möglichkeit, das zu überprüfen.

Bei der zweiten handelt es sich um eine Familientherapie, in welcher sehr deutlich zum Ausdruck kommt, wie sehr die Rigidität der individuellen Abwehrstrukturen mitbestimmend für den generalisierten Widerstand einer Familie gegenüber jeglicher Veränderung ist. Verhältnismässig wenig differenzierte, miteinander verschmolzene Selbstidentitäten in einer Familie dürften für die in der Einzelbehandlung von Borderline-Patienten auftretenden Verwirrungssituationen verantwortlich sein. Die ausgeprägte Kontrolle, welche die Eltern in der frühen Entwicklungszeit eines Kindes, in der aus vielen Gründen eine grosse Fragilität der Selbstrepräsentanz vorliegt, über die Kinder ausüben, scheint das heftige Bedürfnis anorektischer Adoleszenter nach Kontrolle im Sinne eines primär identifikatorischen Prozesses erklären zu können.

Der Einfluss der Interaktionen eines Individuums, das heisst der Selbst- und Objektrepräsentanzen in der Innenwelt mit den realen Personen der Aussenwelt, schlägt sich in der Art und Weise nieder, *wie* im Laufe der Zeit die innere Welt eines Individuums organisiert wird. Das familiäre Interaktionsmuster wirkt also in vielfältiger Weise auf die Selbst- und Identitätsentwicklung des Jugendlichen ein.

Verläuft die beziehungsanalytische Arbeit mit Familien quantitativ oder qualitativ anders als diese im psychoanalytischen Zweier-Setting? Kann man mit gutem Gewissen sagen: «Dieses Problem ist *nur* individuell, jenes *nur* eines der Eltern und dieses wiederum *nur* eines der ganzen Familie?» Wohl kaum, denn man wird in keinem psychotherapeutischen Prozess je zu einer absoluten Wahrheit gelangen, sondern immer nur zu einer jeweils relativen, intersubjektiven, aus dem jeweiligen interaktionellen Gesichtspunkt heraus erarbeiteten. Es geht also nicht um eine Realitätskompetition, sondern um verschiedene mögliche Perspektiven der Realität (Pöldinger, W., 1985). Gewisse Abläufe sind aber wahrscheinlich im familientherapeutischen Prozess, andere in der therapeutischen Zweierbeziehung, nicht möglich.

Bei einer echten Reorganisation der Beziehungsstruktur einer Familie finden auch intrapsychische Veränderungen bei den einzelnen Familienmitgliedern statt. Solange allerdings anorektische Patientinnen fasten, finden ausser Vorarbeiten keine wesentlichen Veränderungen statt, da das Hungern paradoxerweise viel zu viel Gratifikation und damit bedeutend Besseres als das, was ein Therapeut bieten kann, liefert. Das Symptom eines Adoleszenten kann eine Chance für die Veränderung der Familie darstellen, aber nur dann, wenn der Sinn oder die Bedeutung des Symptoms im Verlaufe des therapeutischen Prozesses nicht nur dem Adoleszenten, sondern jedem einzelnen Familienmitglied klar werden. Kommt es zu einer Individuations- und Trennungsbewegung innerhalb der Familie, so beginnen sich Familienphantasien (unausgesprochene familiäre Mythen) und individuelle Phantasien zu scheiden. Die nachfolgenden Veränderungen in der äusseren Realität lassen offenbar werden, worin der pathogene Mythos bestand und welche andere Arten des Bezogenseins möglich sind.

In dysfunktionalen Familien wissen die Eltern oft um ihre schweren, chronischen Eheprobleme und sind diesbezüglich Veränderungsmöglichkeiten gegenüber sehr pessimistisch. Geht der Therapeut davon aus, dass nur die Lösung der Eheprobleme dem Adoleszenten helfen würde, so schlägt er in die bereits bestehende Schuldkerbe, die Eltern werden noch depressiver und die Möglichkeiten einer therapeutischen Einwirkung werden sehr gering.

Das technische Vorgehen bei unflexiblen und brüchigen Selbst- und Beziehungsstrukturen muss sich bezüglich Strenge oder Lockerheit des Rahmens an der jeweiligen klinischen Situation orientieren. Manchmal ist es nötig, den therapeutischen Kontext sehr strikte zu definieren. Es gilt aber in jedem Falle, auf geeignete Weise den destruktiv-affektiven Abläufen entgegen zu wirken, da es für Jugendliche mit einer Anorexie sehr Angst machend sein kann, die Hilflosigkeit und Angst ihrer Eltern mitzuerleben. Erst wenn ein minimales therapeutisches Bündnis zwischen Therapeut und Familie aufgebaut worden ist, kann geklärt werden, wozu eine Familie z.B. ihre Rigidität so sehr braucht.

Literatur

Bauriedl, Th.: Beziehungsanalyse. Suhrkamp, Frankfurt, 1980.

Pöldinger, W.: Über systemisches und perspektivisches Denken in der Psychiatrie. Schweiz. Ärztezeitung 66: 1344–1766, 1985.

Die Entwicklung des Selbst in der Adoleszenz: Erfahrungen aus der psychoanalytischen Einzel- und Familientherapie

Christopher Dare

Einführung

Holder und ich haben versucht, einige Ansichten über die Interaktion zwischen den objektbezogenen Erfahrungen des Individuums, seinem Selbstwertgefühl und dem Narzissmus darzulegen. (Dare und Holder, 1981). Dazu mussten wir unser Verständnis vom Selbstkonzept klären. Einige Ideen dieser Arbeit sind Ausdruck dieser gedanklichen Entwicklung. Holder und ich folgten den Anregungen von Jacobson (1964) und Sandler/Rosenblatt (1962), welche das Selbst mittels der Selbstrepräsentanzen klar definieren, die als Folge der Interaktionen zwischen Selbst und Objekt im Ich niedergelegt sind. Obwohl in gewisser Weise sehr spezifisch, schränkt dieses Konzept teilweise auch ein, so dass ich den Begriff des Selbst hier auch in einem erweiterten Rahmen benützt habe, indem ich Eigenschaften wie Identität (Erikson, 1959) und Persönlichkeit (Allport, 1961) miteinbezog. In unserer Diskussion über das Selbst und seine Entwicklung waren wir immer wieder gezwungen, uns auf das Gleichgewicht zwischen den inneren psychologischen Prozessen und den Auswirkungen der Erfahrung zu beziehen. Dies vor allem beim Entwurf der Beziehung zwischen inneren Selbst-Objekt-Repräsentanzen und den aktuellen Interaktionen zwischen der sich entwickelnden Person und ihren entscheidenden äusseren Objekten.

Anna Freud zeigte, dass der Psychoanalytiker reichhaltigen Gewinn daraus zieht, wenn er Erfahrungen aus dem therapeutischen Kontext mit solchen ausserhalb dieses Kontextes, z.B. aus der direkten Beobachtung von Säuglingen und Kleinkindern im Heim oder Kindergarten, verbindet. (Freud, A., 1966). Diese Arbeit ist Teil eines Langzeitprojektes, welches die normale und die pathologische Persönlichkeitsentwicklung vom Standpunkt der psychoanalytischen Einzel- und Familientherapie untersucht. Diese zwei Aktivitäten - Einzel- und Familientherapie - sind nicht notwendigerweise gegensätzlich. Das Verständnis der Person, das wir aus jedem der beiden Settings erhalten, ergänzt und befruchtet sich gegenseitig. Psychoanalytische Psychotherapie erforscht die Natur der Innenwelt einer Person, wie sie sich beim Entfalten der Beziehung zwischen Patient und Analytiker zeigt. Die Art, wie sich frühe Beziehungserfahrungen - im allgemeinen Erfahrungen innerhalb der Familie - in der therapeutischen Dyade manifestieren, erlaubt ein detailliertes Verständnis von den inneren Ursprüngen und Motivationen der aktuellen Interaktionen eines Patienten mit seiner Objektwelt. Der Psychoanalytiker, welcher die familiären Beziehungsmuster aller Familienmitglieder beobachtet, kann die grundlegenden Beziehungskonfigurationen, welche die psychologische Entwicklung der einzelnen Familienmitglieder strukturieren, erkennen. Solche Beobachtungen bestätigen, verstärken oder widersprechen manchmal den Ansichten eines Psychoanalytikers, dessen Beobachtungsgebiet das Individuum ist. Die Kombination solcher Annäherungen ist speziell lohnenswert für das Verständnis der Adoleszenz. Diese Arbeit entspringt einer Serie von Studien, welche sich mit der Wirkung von Einzel- und Familientherapie bezüglich der Prognose von Anorexia nervosa befassen. Diese Studien werden vom «Medical Research Council» von England (Russell et al., 1987) unterstützt.

Wir hatten die Möglichkeit, eine beträchtliche Anzahl junger Menschen zu studieren, welche eine adoleszente Entwicklungsstörung in der Form der Anorexia nervosa zeigten. Wenn ich gedanklich nochmals die Einzel- und Familientherapien dieser jungen Menschen durchgehe (Dare, 1982a und 1982b), fühle ich mich vor allem meiner Frau sehr zu Dank verpflichtet, welche über eine einzigartige Erfahrung in solchen Therapien verfügt. (Dare und Dare, 1982). Wir haben realisiert, dass Patienten, die sich selbst zu Tode hungern, eine typische Störung der Selbstentwicklung aufweisen. Wenn man viele Patienten entweder in Familien- oder in Einzeltherapien untersucht, kann man diese Störungen der Selbstentwicklung sowohl in der Innenwelt als auch in der Welt der aktuellen Objektbeziehungen finden. Die interaktionellen Konfigurationen der inneren Selbst- bzw. Objekterfahrungen sowie das Muster der aktuellen Beziehungen des Selbst mit den bedeutsamen äusseren Objekten ist, in bestimmten Zügen, relativ klar festgelegt. Einige dieser Charakteristika werden in dieser Arbeit an Hand von zwei Fallbeispielen beschrieben. Entsprechenderweise handelt es sich dabei je um eine Person, die in Individual- bzw. Familientherapie stand.

Vorerst aber noch eine Bemerkung zur theoretischen Stellung einer möglichen psychoanalytischen Theorie der Familientherapie:

Bevor wir zu den Fallgeschichten und dem zentralen Thema dieser Arbeit kommen, welche sich mit der Familienperspektive des adoleszenten Trennungsprozesses befasst, möchte ich noch eine für mich sehr wesentliche Beobachtung anfügen, welche aus der Durchführung von Individual- und Familientherapien stammt. Ich realisierte, dass man, wenn eine psychoanalytische Psychotherapie hilfreich ist – was ich durchaus glaube –, parallel zur Theorie der psychoanalytischen Psychotherapie auch eine Theorie der Familientherapie braucht.

Der psychoanalytische Prozess entfaltet sich, indem sich eine Übertragung zwischen dem Patienten und dem Analytiker entwickelt. Hierbei folgt der Analytiker der Spur wechselseitiger Reaktionen: einige davon sind Reaktionen des Analytikers auf die Übertragung des Patienten, andere sind eigene Übertragungsanteile des Analytikers auf den Patienten. Neuere Arbeiten über diese Prozesse untersuchen die möglichlicherweise zu einander passenden Mechanismen des Patienten und des Analytikers (obwohl es auch entscheidende, nicht zusammenpassende Elemente gibt). Solche Kenntnisse über detaillierte und subtile Entsprechungen von zwei Menschen stellen ein wesentliches Modell zwischenmenschlicher Beziehungen dar.

Das Konzept der Übertragungsneurose stellt einen speziellen Aspekt dieses zwischenpersönlichen Modells dar. Es weist darauf hin, dass im Verlauf einiger (wenn nicht aller) erfolgreicher psychoanalytischer Therapien die internalisierten Konflikte, welche zu Symptomen führten, schrittweise in Übertragungsphänomene umgewandelt werden. Unter gewissen Umständen werden die Patienten in ihrem Alltag symptomfrei, obwohl die Störung in der psychoanalytischen Beziehung weiterbesteht. Was sich früher als äussere Symptome zeigte, manifestiert sich nun als störende konflikthafte Gefühle dem Analytiker gegenüber. Die Wichtigkeit dieses Vorganges, in welchem sich neurotische Störungen in eine Übertragungsneurose umgestalten, wurde vielleicht unterschätzt. Denn sie bedeutet, dass ein generalisiertes, sich möglicherweise im Verhalten manifestierendes Symptom sich zu einer qualitativen Eigenschaft in einer Beziehung umwandelt – allerdings einer sehr speziellen Beziehung. Der Analytiker hält seine psychoanalytische Rolle innerhalb dieser Beziehung aufrecht und hilft dem Patienten, indem er interpretiert, was abläuft, und andere Handlungen unterlässt. Wie speziell die Aktivität des Analytikers auch sein mag, immer ist sie ein Angebot für eine besondere Beziehung.

Die detaillierte Beobachtung von Familien zeigt, dass zwischen Familienmitgliedern Prozesse ablaufen, welche der Übertragung genau entsprechen. Jedes Familienmitglied steht mit den anderen auf verschiedenen Ebenen in Kontakt, miteingeschlossen natürlich eine Ebene, auf welcher unbewusst von jedem die innere Welt der Objektbeziehungen jedes anderen wahrgenommen wird. Jedes Familienmitglied ist in Beziehungsmuster eingepasst, welche nicht nur einer Inszenierung seiner eigenen Innenwelt entsprechen, sondern welche auch ein Versuch sind, Aspekten der Innenwelt der anderen Familienmitglieder zu begegnen und sie in der gegenwärtigen Beziehung zum Leben zu erwecken. Tatsächlich kann die individuelle Störung eines Familienmitgliedes als Resultat eines Konfliktes verstanden werden, der zwischen den entwicklungsmässig gerechtfertigten Bedürfnissen eines Einzelnen und dem zu grossen Einfluss unbewusster Bedürfnisse von anderen Familienmitgliedern entstanden ist. Ich möchte zum Beispiel erwähnen, dass die Anorexia nervosa, neben anderen Bedeutungen, für die Mutter eine kontinuierliche, allerdings schmerzliche Beziehung von der Art des Säuglings-Fütterns darstellt. Für den Vater wird die Gefahr eines Vollzugs inzestuöser Strebungen der anorektischen Tochter gegenüber durch ihren Rückzug von der adoleszenten Sexualität, der unter der Einwirkung ihrer Selbstaushungerung erfolgt, gemässigt. Für die anderen Jugendlichen der Familie erfüllt die magersüchtige Schwester stellvertretend das Bedürfnis nach einer konstanten, abhängigen Nähe zu den Eltern, während jene sich voll der Aufgabe hingeben können, sich von den Eltern zu trennen und eine eigene Autonomie aufzubauen.

Wie viele andere Beobachter schlage ich vor, diese Abläufe als übertragungsähnliche Prozesse in der Familie zu sehen. Ich wiederhole zudem, dass der Analytiker Psychotherapie durchführt, indem er die analytische Beziehung sorgfältig so gestaltet, dass die Übertragungsneurose aufgelöst werden kann. Wenn diese zwei Punkte akzeptiert werden, kann die Familientherapie prinzipiell dadurch voranschreiten und der Therapeut den einzelnen Familienmitgliedern zur Veränderung in ihren Beziehungen verhelfen, dass die intrafamiliären Übertragungen, welche dem Symptom des Indexpatienten zugrunde liegen, durchgearbeitet werden.

Es werden nun zwei Fallbeispiele beschrieben und untersucht, um das Thema dieser Arbeit zu entwickeln. Beide sind kurz und schematisch, und das Material ist ausgewählt, um die Thesen zu illustrieren.

Sowohl vom individuellen wie auch vom familiendynamischen Standpunkt aus existiert eine immense Literatur über die Psychodynamik des Sich-zu-Tode-Hungerns. Noch weit mehr Literatur existiert über das psychoanalytische Selbstkonzept. Ich werde mich in beiden Bereichen nur fragmentarisch auf diese Literatur beziehen. Mein Ziel besteht in der Entwicklung des Themas mittels ausgewählten Fallmaterials.

Erstes Fallbeispiel

Frau P. war damals 32 Jahre alt; das hier präsentierte Material bezieht sich jedoch im Detail auf ihren adoleszenten Trennungs-Individuationsprozess. Sie hatte sich einige Monate vor der Niederschrift dieser Fallgeschichte verheiratet. Während drei Jahren hatte sie eine zweistündige Psychotherapie besucht. Vor ihrer Therapie war sie oft psychiatrisch hospitalisiert gewesen, zum letzten Mal 4 Jahre bevor ich sie kennenlernte. Ihre erste Hospitalisation, im Alter von 20 Jahren, war wegen einer Depression erfolgt. Man hatte eine Angstneurose bei unreifer und gestörter Persönlichkeit diagnostiziert. Gewichtsverlust und Anorexie waren damals unbedeutend, wurden aber im Verlauf der folgenden Jahre zunehmend zentral und manchmal lebensbedrohlich. Nach einigen Jahren ambulanter und stationärer Therapie wurden depressive Episoden und massive Fressanfälle zu den dominierenden Problemen.

Bei der ersten Hospitalisation wurde vom Psychiater die sehr enge und behütende Art der Erziehung betont, welche die Patientin als jüngstes von 4 Kindern einer vermögenden Akademikerfamilie erfuhr. Offensichtlich war sie erstmals zusammengebrochen, als sie das Elternhaus verliess und auf die Universität ging. Dieses Geschehen wurde überschattet vom Tod beider Eltern. Die Patientin zählte damals 19 Jahre und war in ihrem ersten Studienjahr. Beide starben an Abdominalkrebs, zuerst der Vater, gefolgt 2 Monate später von der Mutter. Mit ihrem Hungern und ihrem geschwächten Körper identifizierte sie sich später stark mit der ausgeprägten Auszehrung des sterbenden Vaters in seinen letzten Lebenswochen. Ihre Trauerreaktion nach dem Tode ihrer Eltern war begleitet von höchst unerfreulichen Auseinandersetzungen zwischen ihr und dem Mann ihrer älteren Schwester.

Dies sind die knappen Umrisse einer Fallgeschichte, welche in den Krankengeschichten des Spitals mehrere dicke Bände beanspruchte. Die Psychotherapie enthüllte eine Geschichte, die einige Merkmale trug, welche während ihrer schweren Zusammenbrüche vollständig unbekannt gewesen waren.

Als die Patientin ihre Psychotherapie bei mir begann, war es zweifelhaft, ob sie ausserhalb des Spitals bleiben konnte. Retrospektiv gesehen, denke ich, hatte sie damals bereits angefangen, wesentliche Fortschritte zu machen, und war speziell entschlossen, vom Spital weg und ohne Medikamente zu bleiben. Sie bemühte sich bewusst und energisch um ein Verständnis, wie sie wohl dazu gekommen sei, einen so grossen Teil ihres Lebens zu vergeuden. Die erste Phase der Therapie bestand in der Analyse der sich einstellenden Charakterübertragung und dem Herstellen eines Arbeitsbündnisses. Sie durchlebte Episoden intensiver und verzweifelter Wut, welche sie als Folge der Tatsache, eine psychiatrische Patientin gewesen zu sein, empfand. Sie dachte, dass ich als Psychiater immer glauben würde, alles, was ihr passiere, sei ihr Fehler. Sie war die Patientin, und ich würde nie annehmen müssen, irgendwelche Verantwortung für ihre Gefühle über mich zu haben, vor allem für Gefühle des Ärgers oder des Verletztseins. Sie fühlte sich beeinträchtigt durch den Eindruck eines unfairen Ungleichgewichts in der Beziehung und wie verpflichtet, von mir abhängig und über mich wütend zu sein. Ich aber sollte den Ärger ihrer Persönlichkeit zuschreiben. Falls sie eine gegensätzliche Ansicht mit allzu viel Vehemenz ausdrückte, würde ich sie mittels Therapieabbruch bestrafen, ein Resultat, für das ich sie verantwortlich machen würde. Während dieser Phase spürte ich, wie zerbrechlich die therapeutische Beziehung war und dass die Patientin die Therapie abbrechen könnte, indem sie sich mit Hilfe eines ernsthaften Suizidversuches in die Klinik aufnehmen lassen und dort eine andere Art von Therapie bekommen könnte. Sie wurde oft ausgesprochen kritisch, was mich unangenehm abwehrend und unsicher machte. Ich dachte, sie hätte ein ausgesprochenes Bedürfnis danach, befähigt zu werden, ihren Ärger auszudrücken, und hielt es für wichtig zu akzeptieren, dass ich von Zeit zu Zeit Fehler oder ein Durcheinander machte, was ihren Ärger rechtfertigte. Dieser Therapieabschnitt ging durch ein Stück in die Länge gezogener Übertragung und durch rekonstruktive Arbeit allmählich zu Ende. Ihr Gefühl der Ohnmacht, des Misserfolgs und des beständig und unausweichlich Ins-Unrecht-gesetzt-werdens bezogen wir auf einige Erinnerungen ihrer Kindheit. Sie war nämlich Vaters Liebling gewesen und von ihrem Bruder und ihren Schwestern deswegen oft gehänselt worden. Sie war temperamentvoll und realisierte, dass man ihr immer das Gefühl gegeben hatte, dumm und klein zu sein, nur gerade gut genug, um vom Vater liebkost zu werden. Wenn sie eine schlechte Laune hatte, fühlte sie sich ungeliebt. Sie war verwirrt durch die extremen Sauberkeitsvorschriften der Mutter und eingeschüchtert von der Selbstkontrolle des Vaters über seine Stimmungen wie auch von seiner hohen beruflichen Position. Sie fühlte sich nur akzeptiert, wenn sie gut war, und dies bedeutete, sich nach dem Bild der «lieben kleinen Vaterstochter» auszurichten. Die Rekonstruktion in der Therapie ergab, dass sie sich vollständig abhängig und gleichzeitig wie erstickt vorgekommen war durch das Gefühl, dumm, schlecht oder lächerlich zu sein und von niemandem ernst genommen zu werden. Als Kind hatte sie sich nur beachtet gefühlt, wenn sie einen Wutausbruch hatte, aber ein solcher hatte sie sofort wieder sich schlecht fühlen lassen.

Es wurde mir nicht klar, ob all dies den Tatsachen entsprach oder stark verzerrt war. Ich war mir aber sicher, dass ich die Patientin ernst nehmen, ihre Erfahrungen akzeptieren und diese als echt betrachten musste. Im Verlauf mehrerer Monate fühlte ich mich allmählich weniger von Frau P. kontrolliert, und die Therapie schien geschützter zu verlaufen. Die nächste Phase wurde durch zwei Merkmale dominiert. Das erste möchte ich als «ödipale Inszenierung» und das zweite als «Kontrolle des Sich-Überessens» bezeichnen.

Das erste Thema kam ins Zentrum der Therapie, als die Patientin merkte, wie sie andere Berufsleute dazu bringen wollte, zu beweisen, dass sie wirksamere Therapeuten seien als ich. Anfänglich behandelte ich ihre Streifzüge in das Gebiet anderer Therapeuten als Bedürfnis, von mir akzeptiert zu werden. Ich glaubte, ich würde sonst ihre Eigenständigkeit und ihr Recht auf symptomatische Erleichterung, welche ihrer langen Krankheit und ihrer detaillierten Kenntnis psychiatrischer Hilfemöglichkeiten angemessen waren, nicht genügend ernst nehmen. Ihrer Not wurde ich mir bewusst, als sie sagte, ich schiene ihr zu erlauben, andere Fachleute gegen mich aufzustellen. Ich war hin und her gerissen zwischen dem Wunsch, sie in Therapie zu halten, und dem Bemühen, nicht verführerisch oder kontrollierend zu sein. Ich beschäftigte mich hin und her mit der Idee, dass sie lange genug gelitten habe und ich kein Recht hätte, ihr die Möglichkeit einer Erleichterung durch Medikamente oder eine Verhaltenstherapie abzusprechen, falls sie dies wünsche. Letztlich jedoch musste ich darauf bestehen, dass sie einen spezifischen Teil psychischer Arbeit zu verrichten habe, um auf irgend eine Art und Weise ihre Wut mir gegenüber wahrnehmen und verstehen zu können. Sie musste zu diesem Ärger gelangen, von dem sie glaubte, ihn mir gegenüber nie ganz ausdrücken zu können. Nach dieser Definition unserer Arbeit fühlte sie sich erleichtert und gab die Versuche auf, Fachrivalen mir gegenüber zu suchen. Fast unmittelbar danach wurde sie in eine andere Form ödipaler Inszenierung involviert und begann eine stürmische Liebesbeziehung an ihrem Arbeitsort. Sie merkte, wie sie es zuliess, dass sich ihr Chef hoffnungsvoll in sie verliebte. Dies wurde begleitet von seinem Wunsch, sie möge sich mit seiner Frau befreunden und mit seinem Sohn ausgehen. Zu dieser Zeit bestand meine Arbeit hauptsächlich im Analysieren des Zusammenhangs zwischen ihrem Ausagieren mit dem Chef und ihren Wünschen, mich zu kontrollieren, zu verführen und zu frustrieren, sowie im Verknüpfen von all dem mit ihren Kindheitserinnerungen an ihren Vater. Obwohl sie kooperativ und voller Assoziationen bezüglich dieser zusammenhängenden Themata war, blieb ich unsicher, ob ihre Arbeit ausreichend gründlich war, vielleicht weil die begleitende Symptomatik der «Kontrolle des zuviel Essens» uns beide bedrängte. Sie wies ein ernstlich gestörtes Muster von Essverhalten auf. Obwohl sie normal-gewichtig war, menstruierte sie nicht und nahm, vermischt mit Heisshungeranfällen, nur geringe und unregelmässige Mahlzeiten zu sich. Die Fressattacken bestanden in rascher Einnahme von Riesenmengen an Nahrung, welche sie gierig in den Mund stopfte. Sie stahl beispielsweise Nahrungsmittel aus den Küchen ihrer Freunde am Ende von Dinner-Partys, an welchen sie in der Öffentlichkeit nur sehr bescheiden gegessen hatte. Sie fand Möglichkeiten, die Überreste des Hauptgangs zu verschlingen, während sie sich scheinbar mit dem Aufwasch aufhielt. Sie versuchte, keine Nahrung in ihrer Wohnung zu haben, weil sie befürchtete, nachts aufzuwachen und alles in den Mund zu stopfen. Es bereitete mir Mühe, ein klares und endgültiges Verständnis ihres Essverhaltens zu entwickeln. Sicher war es einerseits vom Hunger bestimmt. Da es in der Nacht auftrat sowie mit Episoden intensiven Schwitzens und von Angst verbunden war, schien es andererseits auch teilweise einer physiologischen Entladung (vielleicht hypoglykämischer Art) zu entsprechen. Ich dachte, sie hätte diese Entladung als oral regressives, erotisches Äquivalent gesucht. Zu dieser Zeit war ihr Sexualleben (allo- oder autoerotisch) minimal, und sie zeigte auch keine sexuellen Phantasien. Die Hungerperiode setzte sich wegen ihrer Qualität einer zufriedenstellenden Demonstration von Trotz und willensstarker Selbstkontrolle fort. Ich interpretierte dies als Streben nach Unabhängigkeit von mir und sprach im weiteren davon, dass ihre Gefühle von Schuld und Unglücklichsein über ihre Heisshungeranfälle zur Selbstbestrafung für ihre trotzige Widerspenstigkeit dienten, die sie mittels ihrer Selbstkontrolle ausdrückte.

Am Schluss dieser Phase beschloss ich, mich einer strategischen Intervention zu bedienen, um die Patientin zu ermutigen, eine aktivere Kontrolle über ihr Essen zu übernehmen. Ich drängte sie, teure Mahlzeiten zu planen, welche aus substantiellen, aber nicht übermässigen Mengen von Nahrung bestünden und die zu kostspielig wären, um schnell gegessen zu werden. Diese sollte sie sich mit Vergnügen und einem gewissen Ritual servieren. Das Ziel dieser Intervention war der Versuch, ihr eine Unterbrechung des steten Wechsels von Hungern und sich Überessen zu ermöglichen. Auch sollte ihr ein Verständnis vermittelt werden, warum sie sich jegliches Sinnesvergnügen untersagte, und ein Einschnitt in die viele Therapiezeit gemacht werden, welche ihre beständige Beschäftigung mit dem Essen einnahm. Ich realisierte, dass die psychologische Bedeutung der Symptome ausgesprochen mehrfach überdeterminiert war. Die Symptomatik drückte gleichzeitig sowohl Wut aus als auch ihre Unterdrückung mittels intensiven Hungerns und der Fütterungsaktivitäten. Keine Deutung schien je ganz richtig zu sein, aber die wiederholte Exploration der breiten Palette von sexuellen, aggressiven und selbsttröstenden Bedeutungen führte, zusammen mit den aktiven Interventionen, zu einem Nachlassen der Symptome als Quelle von Pein und Grübelei, aber nicht zu einem völligen Verschwinden.

In der nächsten Therapiephase stellte sich eine viel durchgehender positive Übertragung ein. Diese konnte gedeutet werden, und es kam zu einer reichen Klärung und zum Durcharbeiten des Materials aus der ersten Therapiephase, beispielsweise was ihre Gefühle der Unterwerfung unter ihre Schwester betraf. Diese Arbeit wurde durch die Tatsache, dass ihr Schwager sich als langjähriger Trinker entpuppte, besonders bedeutsam. Die Patientin hatte sich während ihres Erwachsenenlebens als hilflose und hoffnungslose Neurotikerin, welche sich zusammenreissen sollte, von ihm abgewiesen gefühlt. Er musste nun mehrmals psychiatrisch hopsitalisiert werden, und ihrer Schwester wurde empfohlen, eine Ehetherapie mit ihm zu beginnen. Frau P. erlebte Hass, Mitleid, Triumph und Gefühle der Rechtfertigung. Alle diese Gefühle konnten mit schuldbeladenen Kindheits- und Jugenderinnerungen von Rache und Selbstanklage verknüpft werden.

Etwa zu diesem Zeitpunkt gelang es ihr, vom verliebten Chef Distanz zu nehmen. Sie begann, Männerbekanntschaften und eine kleine Affaire zu haben. Diese Phase kontinuierlicher Therapie endete damit, dass sie sich verliebte und mit ihrem späteren Ehemann verlobte.

Ich möchte diesen klinischen Bericht beenden, indem ich ein eigenartiges Charakteristikum ihrer Liebeswahl kommentiere. Meiner Ansicht nach zeigt es die Nähe der Verbindung zwischen der Selbststruktur, den inneren und den äusseren Objektbeziehungen. Frau P. lernte ihren Mann kennen und verlobte sich innert kurzer Zeit mit ihm, als sie noch wenig über ihn wusste. Als schon Hochzeitsvorbereitungen besprochen wurden, traf sie erstmals die beiden Kinder, welche damals 15 und 18 Jahre alt waren und für welche ihr Mann seit der Scheidung seiner früheren Ehe vor 7 Jahren gesorgt hatte. Sie mochte die beiden Mädchen, welche sie anscheinend ebenfalls gern hatten. Die Tochter, welche gerade aufs College gehen sollte, wurde sehr irritiert durch die Idee, ihren Vater zu verlassen, für den sie zum Teil als Haushälterin gesorgt hatte. Bei näherem Zusehen schien es, als ob Frau P.'s Verlobter eine hochgradig ödipale Nähe zu seiner Tochter unterhielte. Es fiel ihm ausgesprochen schwer, seiner Tochter klar zu machen, welches die Folgen seiner Heirat sein würden und welche junge Frau in Zukunft die Priorität in seinen Gefühlen einnehmen würde. Als die Tochter aufs College ging, hatte sie einen seelischen Zusammenbruch, fürchtete, ihr Essen sei vergiftet, hörte auf, in der Öffentlichkeit zu essen, und nahm grosse Mengen an Nahrung im Versteckten ein. Es ist nicht klar, ob sie ein volles anorektisches Syndrom entwickelte, aber es ist sehr beeindruckend, wie Frau P. ihr Vermögen unter Beweis stellte, einen Mann mit einer Familie zu finden, welche wichtige Aspekte ihrer eigenen Psychopathologie und ihrer Familienkonstellation reproduzierte. Dies können wir vergleichen mit Masud Khans Beobachtungen über die Fähigkeit des Ich, ein geeignetes Objekt zu finden, um die perversen Bedürfnisse des Selbst zu befriedigen. (Khan, 1974). Die Fähigkeit einer Person, das Entwicklungspotential einer zukünftigen Beziehung zu erkennen, welche Aspekte vergangener familiärer Beziehungen wiederholt, ist nicht sexuell pervers. Hingegen ist das Fehlen einer klar definierbaren libidinösen Komponente in solchen Wiederholungen, welches das hervorgerufene Beziehungsmuster festlegt, hier von grosser theoretischer Wichtigkeit.

Holder und ich (Dare und Holder, 1981) schlugen vor, das Selbst als eine sich entwickelnde Struktur zu betrachten, deren Entfaltung von Reaktionen auf Empfindungen aus dem Körperinnern und von den sich ausweitenden Interaktionen mit bedeutungsvollen äusseren Objekten mitgestaltet wird. Wesentliche Fixierungsstellen der Triebentwicklung haben einen gleich grossen Einfluss auf die Selbstrepräsentanzen wie auf die Ich-Entwicklung und andere Elemente der Persönlichkeit. Die frühesten Strukturbildungen jedoch entstehen, wenn der Säugling sich aus dem Stadium herausbewegt, in welchem die Selbstrepräsentanzen noch unentwirrbar mit Objektrepräsentanzen verschmolzen sind. Kernberg (beispielsweise Kernberg, 1975, 1980) zeigte, was die Wechselfälle des Schicksals eines Kindes in der Individuations-/Separationsphase zur Entwicklung der Ausgestaltung eines Selbstgefühls beitragen, welches das Kind für spätere Charakterprobleme (Borderline oder narzisstische Probleme) anfällig macht oder solche Risiken verhütet. Die Analyse eines einzelnen Falles, wie desjenigen von Frau P., vermittelt uns keinen Aufschluss über die Balance zwischen äusseren und inneren Faktoren, nach welchen die Aufgliederung von Selbst und Objekt voranschreitet. Sie vermittelt auch weder Aufschluss darüber, wie wichtig äussere Objekte für die Ausformung sadomasochistischer Merkmale (wie bei dieser Patientin) und deren anal-erotischer Qualitäten sind, noch gibt sie Auskunft über die Natur der ödipalen Aspekte des Selbst.

Meine Darstellung der Therapie mit Frau P. betonte bisher vor allem die Rolle der Rekonstruktion infantiler und kindheitsbezogener Objekterfahrungen. Diese Rekonstruktionen lassen aber offen, ob die Realität den Erinnerungen und Konstruktionen gleicht oder nicht. Wir wollen nun einige Aspekte davon im Hinblick auf die Aufarbeitung in der Adoleszenz betrachten und auch den Einfluss des Todes ihrer Eltern nachprüfen. So wie die frühere prä-ödipale und ödipale Entwicklung von Frau P. sich in der Adoleszenz wiederholte, wurde das Problem, eine spezifische, eigene Identität aufzubauen, zu einer Angelegenheit von Selbstbefangenheit. Während die Patientin früher Gefühle der Überwältigung, im Zusammenhang mit den Forderungen von Seiten der Eltern, wie sie sein sollte, mittels Wutausbrüchen ausgedrückt hatte, erlebte sie nun Zornanfälle, während welcher sie *wusste*, dass sie sich von ihren Eltern unterdrückt fühlte. Gleichzeitig litt sie unter zusätzlichen Konflikten: zwischen ihrem wiederaufgelebten ödipalen Wunsch nach Nähe zum Vater und ihrer Angst vor Trennung von der Mutter, verbunden mit der Befürchtung, dass sie durch das Erwachsenwerden die Mutter allein und ohne Aufgabe zurücklasse. Diese Konflikte bewirkten eine Reaktion von der Art, dass sie einen überaus nachgiebigen, kleinmädchenhaften Persönlichkeitsstil annahm, mit vollständig unpassenden Wutausbrüchen. Hätten ihre Eltern weitergelebt, hätte sie diese Widersprüche vielleicht mit ihnen durcharbeiten können, oder falls nicht, schon damals anorektische Symptome entwickelt. Der Tod ihrer Eltern bewirkte einen Zustand von Betäubung, der von einer Depression mit Anzeichen pathologischen Trauerns gefolgt war, was daran erkennbar war, dass die Patientin versuchte, ihren eigenen Körper zu beschädigen, um auf diese Weise ihre Wut über die toten Eltern auszudrücken.

Als sie sich von der depressiven Verstimmung erholt hatte, wiederholte sich ihr kontinuierlicher Kampf mit den Eltern in Form eines innerpsychischen Kampfes um Diät, Essen und Dicksein. Für einen Grossteil dieser Zeit wurden ihre sexuellen Beziehungen zu Inszenierungen ödipaler Wünsche. Als immerwährender Ausdruck der Kraft, die von der internalisierten Welt ihrer Familie ausging, fand Frau P. für ihre Ehe eine Familie, welche ihre eigene Psychopathologie reproduzierte. Die offensichtliche Komplexität der Psychopathologie von Frau P. ist ein bekanntes Merkmal junger Menschen mit dem psychiatrischen Syndrom einer Anorexie und/oder Bulimie. Die Kombination von diesen oralen, analen und ödipalen Charaktereigenschaften mit einer Selbststruktur, die infolge der ausgeprägten Angst vor Kontrolle durch das Objekt besonders störbar ist, weist auf eine Borderline-Pathologie hin. Diese wiederum regt vor allem die Erforschung früher Stadien der Selbstentwicklung an. Im Lichte solcher Untersuchungen sind deshalb vor allem die Übertragungen der ersten Therapiephase von Frau P. wichtig. In dieser Phase machte ihre fragile Selbstdifferenzierung sie gegenüber der Befürchtung verletzlich, von der Stärke eines Anderen (Stierlin, 1959) überwältigt oder zum Wahnsinn getrieben zu werden (Searles, 1959). [1]

Das Bedürfnis der Patientin, Negativismus und Trotz, klar geschieden von Macht oder anderem, zur Differenzierung und Erhaltung des Selbst zu benützen, legt Spitzs Formulierungen vom «normalen» Kind nahe, welches früh im zweiten Lebensjahr die Fähigkeit des Nein-Sagens braucht, um das Gefühl eines umschriebenen und getrennten Selbst zu entwickeln, angesichts der Forderungen einer «normalen» Mutter nach Gehorsam und einer Art von Subjekt/Objekt-Einheit (Spitz, 1957). Thomä (1967) lenkte die Aufmerksamkeit auf die Bedeutung von Spitzs Beobachtungen für das Verständnis des Negativismus' von anorektischen Patientinnen. Seine Darstellung, der Negativismus sei die Folge der regressiv wiederbelebten, durch Hunger stimulierten Frustrationswut, ist aber hochgradig komplex.

Die Frage der Gewichtung innerer und äusserer Faktoren in der Ätiologie der Borderline-Merkmale des Selbst, soweit man sie bei anorektischen Patienten auseinanderhalten kann, ist innerhalb einer individuellen Psychotherapie nicht zu beantworten. Auch kann, allein durch Kenntnis der individuellen Psychopathologie, keine überzeugende Klärung für die Kombination der ausgeprägten ödipalen Fixierungen der Selbstkonfiguration mit der Borderline-Charakterstruktur gefunden werden.

Ich schlage deshalb vor, dass Beobachtungen aus der Familientherapie einige dieser Fragen beantworten und somit Lücken füllen können.

Im Buch, das ich mit Pincus (Pincus und Dare, 1978, pp. 70–76) zusammen geschrieben habe, ist der Fall einer Familie mit einem anorektischen Kind publiziert, bei welcher einige der von Frau P. her bereits bekannten Merkmale in gleicher Form deutlich vorhanden waren. In Übereinstimmung mit dem Thema des Buches versuchten wir in jenem Fall aufzuzeigen, dass die ödipale Inszenierung, welche die adoleszente Entwicklung des sich zu Tode hungernden Mädchens verzerrte, auch hochgradig durch das Ausmass determiniert war, in welchem Vater wie Mutter die Tochter im Glauben liessen, die ödipalen Wünsche an den Vater könnten befriedigt werden. Die der Anorexie folgende Regression auf eine Fütterungsbeziehung mit der Mutter schützte die ganze Familie vor der Gefahr, dass Mutter und Vater ihrer Tochter irgendwie erlauben könnten, die Mutter beim Vater zu ersetzen.

1 Der Kampf eines Menschen darum, sein Bedürfnis als echt auszuweisen, ein unabhängiges und eigenständiges Individuum zu sein, spielt sich stets im Kontext einer Forderung nach bestimmten Identitätsmerkmalen ab, welche ursprünglich von bedeutungsvollen anderen Menschen gestellt wurde. Bis zu welchem Ausmass ein Individuum der Ausrichtung seiner Selbstbestimmung offen Ausdruck verleihen darf, ist variabel. Je stärker der Andere insistiert, genau zu wissen, wer eigentlich das sich entwickelnde Selbst wirklich sei, desto mehr wird von Verwirrung und der Befürchtung, verrückt zu werden, berichtet.

Die in diesem Fall beschriebenen Merkmale sind bei Familien mit einem anorektischen Teenager häufig festzustellen. Auch der folgende Fallbericht zeigt die hier erwähnten Merkmale und daneben noch einige andere.

Zweites Fallbeispiel

Herr und Frau R., Mutter und Vater der Familie, waren ein intelligentes und fürsorgliches Paar. Der Vater war ausgesprochen erfolgreich in seinem Beruf, der mit hohen Idealen verbunden ist. Frau R. war idealistischer als ihr Ehemann und glaubte, er lebe irgendwie nicht den Prinzipien der Nächstenliebe und der Selbstaufopferung entsprechend, welche sie in ihm verkörpert gehofft hatte. Sie hatte hingebungsvoll für ihre zwei Töchter gesorgt, und es waren einige lange Monate Familientherapie notwendig, bis sie im Stande war, ihrem Mann (vielleicht auch sich selbst) zu eröffnen, dass ein Teil der übermässigen Aufmerksamkeit, die sie ihren Kindern hatte zuteil werden lassen, eine Folge dessen war, dass der Vater, wegen Arbeit und karriere-bedingten Sitzungen, oft abwesend war. Das Ausmass, in welchem sie sich vom Leben ihrer Töchter beanspruchen liess, und die gleichbleibende Qualität ihrer Zuwendung zeigten sich deutlich in der Tatsache, dass sie immer noch ihrer 15-jährigen (nicht anorektischen) Tochter vorlas, während die junge Dame ihr abendliches Bad nahm.

Der Vater war ein aufbrausender und kämpferischer Mann mit grosser Fähigkeit, jegliche Opposition zu Boden zu reden. Er vertrat unverschämt altmodische Ansichten über seine Führerrolle im Haushalt und über sein Recht, von seiner Frau Unterwerfung zu verlangen. Die Entwicklung eines ernsthaften sich zu Tode Hungerns der älteren Tochter (im Alter von 16 Jahren) vollzog sich zum Zeitpunkt eines Wohnungswechsels aus der Provinz nach London, der zustande kam, weil der Vater eine neue Stelle mit ausgezeichneten Aufstiegsmöglichkeiten antreten konnte. Susan war für einige Wochen in der Provinzstadt zurückgeblieben, um ihre Schulprüfungen zu vervollständigen. In dieser Zeit begann sie zu hungern und an Gewicht zu verlieren.

Susan wurde meinem Poliklinik-Team des Maudsley Hospitals überwiesen. Die Therapie wurde von meiner Kollegin Catherine Crowther durchgeführt.

Im Erstinterview erlebten wir Susan und ihre Schwester als sehr attraktive und wohlgestaltete Mädchen, obwohl Susan stark untergewichtig und unterernährt war. Vaters Lebendigkeit, seine warmherzige Kampfeslust und sein Wunsch, die Therapie zu lenken, waren sofort offensichtlich. Oberflächlich war er aufmerksam, kooperativ, freundlich und respektvoll. Die Therapeutin und die Beobachter (mich eingeschlossen) hatten das Gefühl, er würde sich bald als ausgezeichneter Widersacher entpuppen. Die Mutter verkörperte den Prototyp der unterwürfigen Ehefrau, sah gut aus, wirkte aber verhärmt und unscheinbar. Gemäss unserem Stil betonte die Therapeutin die Notwendigkeit, Susans Gewicht auf ein sicheres Niveau anzuheben, indem die Familie sie zum Essen anhalten sollte. Üblicherweise pflegte die Familie auf Susans Hungern zögernd und mit gemischten Gefühlen zu reagieren. Einesteils war es Mutter und Vater klar, dass die Tochter essen musste, anderenteils glaubten sie, den Empfindungen ihrer Tochter, dass Essen gefährlich sei, mit Feingefühl begegnen zu müssen. Die Eltern reagierten so, als wären sie nicht sicher, ob ihr Wissen um die Bedürfnisse ihrer Tochter nach Nahrung ihnen eine Berechtigung gäbe,

Susans Wunsch nach Aushungerung zu überwinden. Dies kann als eine Verwirrung angesehen werden, bei der Susans innerer Terror auf die Eltern so einwirkte, als sei Susans Innenwelt ihre eigene. Es entstand auch ein Wettstreit zwischen Vater und Mutter, wer verständnisvoller und empfindsamer gegenüber Susans Gefühlen und Wünschen sei. Diese Verwirrung und der Wettkampf verursachten bei ihnen einen fruchtlosen Wankelmut. Indem die Therapeutin die Eltern geschickt und sorgsam veranlasste, Susan zum Essen zu nötigen, sprach sie ihnen das Recht ab, sich durch Susans Innenwelt bestimmen zu lassen. Damit begann ein Prozess, der eine klare Unterscheidung zwischen Susans eigenen Wünschen und Bedürfnissen und den Wünschen und Kenntnissen der Eltern herbeiführte. Diese Trennung ist ein lebenswichtiger Teil der Therapie, wobei die anorektische Tochter lernen kann, dass ihr eigenes Selbst und ihre Identität legitim und getrennt von den elterlichen Wünschen bestehen.

Zuerst wurden die Eltern also angehalten, ihre Tochter, als notwendige Voraussetzung für ihr Wohlergehen und damit für ihre Teilnahme an der definitiven Therapie, zu füttern. Der Vater wurde dadurch gezwungen, mehr von sich preiszugeben. Vor allem wetteiferte er mit der Therapeutin, er kenne die Anorexie-Literatur besser, und zeigte seine enorme Nähe und Sympathie zu seinen Töchtern. Die Therapeutin betonte die zentrale Bedeutung der Kontrolle, indem sie das Paar aufforderte, herauszufinden, wie sie ihre elterliche Autorität am besten nützen könnten, um ihrer Tochter zur Wiederherstellung der körperlichen Gesundheit zu verhelfen, so dass sie die psychologische Arbeit der Therapie leisten könne. Offensichtlich existierte hier ein Kampf zwischen ihnen und Susan; aber es wurde zunehmend klar, dass die Eltern eher bereit waren, sich in einen Machtkampf um Kontrolle mit der Therapeutin, als in einen solchen mit der Tochter einzulassen. Während der ersten Wochen der Therapie zeigte die Familie die von Minuchin und seinen Kollegen herausgearbeiteten Merkmale (Minuchin et al., 1975; Minuchin et al., 1978). Die Konfliktvermeidung innerhalb der Familie war extrem. Nicht nur existierte ein extremer Widerstand, Susan herauszufordern, sondern Mutter und Vater konnten die ausgeprägten Unterschiede in ihren Zielsetzungen nicht wahrnehmen. Die Rigidität des familiären Musters zeigte sich an der ewigen Wiederkehr gleicher Gespräche in den Familiensitzungen. Die Überbesorgtheit der Mutter den Töchtern gegenüber war immens. So ging sie mit ihnen zur Schule sowie ins Badezimmer und arrangierte Babysitter, wenn die Therapeutin einmal vom Paar verlangte, zusammen auszugehen. Diese Intervention bezweckte, den Eltern aufzuzeigen, dass sie ein von ihren Töchtern getrenntes Leben hätten. Natürlich macht ein Ausgang der Eltern ihr Bedürfnis nach Nähe und ihre Angst vor Trennung nicht zunichte. Er beweist auch nicht, dass die Eltern eine Beziehung haben, welche über ihr Bündnis als erziehendes Paar hinausgeht. Wenn aber die Bedeutung der Forderung nach gemeinsamem Ausgehen der Eltern in der Familie aufgenommen worden ist, kann die Veränderung beginnen. In einer Familie mit einer anorektischen Tochter scheinen die Eltern für immer ihrer Elternrolle verpflichtet. Es ist, als würden sie sagen, sie hätten keine ehelichen Aufgaben in ihrer Beziehung, sondern seien nur zusammen, um Eltern zu sein. Die zögernden Schritte der Tochter in Richtung Autonomie bedrohen das einzige Ziel der Beziehung des Paares und sind demzufolge ein Angriff auf die Existenz und das Fortdauern der Familie als Einheit. Indem der Familientherapeut vom Paar verlangt, zusammen auszugehen, stellt er es in die Position des Analytikers, der trotz dem Übertragungswunsch des Patienten, ständig mit dem Analytiker zusammen zu sein, in die Ferien verreist oder den Patienten am Wochenende allein lässt.

Das Problem der Familie, über Susans Essen Kontrolle auszuüben, war teilweise die Folge von Vaters Verbundenheit und Identifikation mit ihr, welche die von Minuchin beobachtete Verstrickung mitverursacht. Er unterhielt auch eine sehr starke körperliche Beziehung zu seinen Töchtern, berührte und herzte sie unverhüllt, lächelte sie verführerisch an und forderte sie auf, sich auf seinen Schoss zu setzen. Seine Frau bekam keinerlei körperliche Aufmerksamkeit von ihm, je weinerlicher und bedrückter sie auch über ihre Tochter wurde. Tatsächlich zeigen Väter anorektischer Töchter gewöhnlich ein ausgesprochenes körperliches Interesse an ihren hungernden Töchtern, das sich in Form von Berührungen oder Liebkosungen manifestieren kann. Oder sie beschäftigen sich besonders mit der Art ihrer Töchter, zu sitzen, mit ihrer Körperhaltung, ihrer Unruhe oder ihren körperlichen Übungen etc. Es scheint, als ermögliche die Anorexie den Vätern ein Interesse für die Körper ihrer Töchter, das, wenn sie nicht anorektisch wären, sonst zu offensichtlich inzestuös wäre. Die Anorexie legitimiert somit das körperliche Interesse und sichert es vor offener Sexualität.

Susans Vater drückte seine altmodischen Ansichten bezüglich der Unterwerfung von Ehefrauen ohne einen Protest von Frau R. aus. Susan unterstützte aktiv seinen Wunsch nach beruflichem Aufstieg, obwohl die Mutter erklärte, sie hasse dies. Frau R. sagte, dass sie sich nach dem Umzug eine Arbeit in London gesucht hätte, wenn Susan nicht krank geworden wäre, zumal sie den Vater so selten sehe.

Während der gesamten frühen Therapiephase war Susan weinerlich, bedrückt, aber sehr auf ihren Vater eingehend. Sie folgte ihm in seiner Führungsrolle durch ihre ablehnende Haltung der Therapeutin gegenüber, weil diese kein Mann war.

Sie geriet in grosse Bedrängnis, als die Eltern sie mit der Nahrungsaufnahme konfrontierten, wie die Therapeutin dies gefordert hatte. Sie entwickelte vorübergehende Symptome wie akustische Halluzinationen und Bewusstseinsverluste, bis sie ein Muster von Widerstand gegen die Nahrungsaufnahme, nämlich extreme Langsamkeit, aufgebaut hatte. Dieses gipfelte darin, dass sie 17 Stunden pro Tag benötigte, um die von den Eltern in Übereinstimmung mit der Therapeutin vorgeschriebene Nahrungsmenge zu essen.

Nachdem die Therapeutin immer wieder unnachgiebig, jedoch Streit vermeidend, insistiert hatte, die Therapie könne nicht beginnen, bis die Eltern einen Weg gefunden hätten, die physische Gesundheit der Tochter durch Nahrungsaufnahme zu gewährleisten, brachten die Eltern es endlich fertig, Susan zum Essen zu veranlassen. Susan wurde sofort viel glücklicher, und die eigentliche Familientherapie konnte beginnen.

Anhand dieser Fallgeschichte wollte ich aufzeigen, dass diejenigen Merkmale, welche bei der ersten Patientin ein Teil der Innenwelt waren, bei Susan klare Vertreter in der äusseren Welt hatten. Zuerst muss diesbezüglich erwähnt werden, dass die Angst, aus der Adoleszenz heraus erwachsen zu werden, nicht nur einem inneren Widerstand zugeschrieben werden kann, obwohl keine Gründe vorliegen, einen solchen zu bestreiten. Im weiteren bewirkte die Spaltung zwischen den Eltern bezüglich ihrer gemeinsamen Zielsetzungen für die Familie, dass die Mutter ein starkes Bedürfnis nach ihren Kindern hatte, um das fehlende gemeinsame Eheleben mit ihrem Mann zu ersetzen. Wie stark sie ihre Kinder brauchte, realisierten beide Mädchen, aber Susans Magersucht bot sich der Mutter als eine Vollbeschäftigung an. Als die Therapeutin sich bemühte, die Mutter von ihrer Beschäftigung mit Susans Ernährung wegzubringen, entwickelte Susan andere Symptome und verlegte sich dann auf verlängerte Nahrungszeiten. Das Fehlen eines körperlichen Getrenntseins zwischen Eltern und Kindern, Minuchins «Verstrickung», scheint mir in solchen Fällen wie Susan das Fundament für die Probleme der Individuation und der Entwicklung von Borderline-Zügen zu liefern. Sicher ist es wiederum sinnvoll, anzunehmen, dass einige der Gründe, warum sie zur Symptomträgerin wurde, etwas mit den inneren Problemen ihrer Differenzierung des Selbst vom Objekt (bzw. Anderen) zu tun haben. Das familiäre Muster jedoch zeigte klar, dass die funktionellen Eigenschaften und Bedürfnisse der gesamten Familie ein Verschmelzen des Selbst mit dem Objekt (bzw. Anderen) förderten.

Differenzierung wird normalerweise zum Teil durch das Auftreten und durch das Ertragen von Konflikten erreicht. Familien, welche eine Vermeidung von Konflikten aufweisen, sind in ihrer Funktionsstruktur nicht das Ergebnis der Aktivitäten eines Borderline-Kindes, obwohl ein solches Kind durchaus seinen eigenen Beitrag zur Familienkultur leistet. Susans Angst vor dem Erreichen der Ablösung in der Adoleszenz gab der Mutter offensichtlich die Möglichkeit, ihre Mutterrolle zum Zeitpunkt der Adoleszenz ihrer Kinder als Ersatz für eine Rückkehr in ihren eigenen Beruf zu gebrauchen.

Die Starrheit der Familie angesichts der Notwendigkeit zur Veränderung, welche aufgrund von Vaters beruflicher Entwicklung und der psycho-biologischen Umstrukturierung der Töchter erforderlich war, widerspiegelte sich in der rigiden Abwehrstruktur jedes Einzelnen. Nochmals soll betont werden, dass die Rigidität der individuellen Abwehrstrukturen auch mitbestimmend ist für den allgegenwärtigen Widerstand der Familie jeglicher Veränderung gegenüber.

Letztlich ist die ödipale Ausrichtung, die Susan und Frau P. zeigten, ein vorherrschendes Merkmal adoleszenter Selbstorganisation. Vaters offensichtliche Verführung war nicht eine Phantasie von Susan, die unter dem Einfluss ihrer libidinösen Organisation entstand, sondern sie wurde durch das Fehlen physischer Nähe zwischen den Eltern und durch die beginnende Fraulichkeit der Tochter unterhalten. Susans sich entwickelndes Selbst schien durch das Bedürfnis, beiden Eltern gegenüber loyal zu sein, beherrscht zu werden. Sie hatte es dem Anschein nach nötig, beiden Eltern gegenüber gleichermassen peinlich genau fair und nahe zu sein, wie dies von Boszormenyi-Nagy (Boszormenyi-Nagy and Spark, 1973) und Stierlin (1977) wundervoll beschrieben worden ist. Ihr Wunsch, mit dem Vater zu verschmelzen, zeigte sich in ihrem Interesse und in ihrer Unterstützung für seine Ambitionen. Er musste gepaart werden mit einer gleichwertigen Ergebenheit für Mutters Prinzipien der Selbstaufopferung, was Susan in selbstverleugnender Kasteiung mittels ihrer Symptome verwirklichte.

Meiner Ansicht nach ist der Einfluss von verhältnismässig undifferenzierten und ziemlich miteinander verschmolzenen Selbstidentitäten, die wir in solchen Familientherapien sehen, von grosser Bedeutung für das Verständnis der Herkunft einer Verwirrung, die wir in der Einzeltherapie beim Borderline-Patienten finden. Ich würde vorschlagen, dass die ausgeprägte Kontrolle, welche die Eltern zu einer bestimmten Zeit über solche Kinder ausübten, als auch noch ganz andere, individuelle Gründe für die Zerbrechlichkeit des Selbst vorlagen, zum grössten Teil das heftige Bedürfnis nach Kontrolle verursacht, das diese Jugendlichen selbst zeigen.

Zuletzt möchte ich zwei Risiken meines Standpunktes betonen. Erstens glaube ich, dass die Gefahr besteht, familienbezogene Beobachtungen zu gebrauchen, um Familien und vor allem den Eltern die Schuld für die psychologischen Störungen zu geben. Es ist aber genauso wichtig zu sehen, dass auch die Eltern in einem System gefangen sind, das von ihren Kindern geschaffen wird, wie umgekehrt.

Zweitens darf die über das Selbst geäusserte Ansicht nicht mit einem ausschliesslich sozialen Konzept gleichgesetzt werden. Es scheint mir nützlich, davon auszugehen, dass sich Identität und Selbststruktur nur in der Beziehung zu bedeutungsvollen anderen Personen entwickeln können. Denn Entwicklung vollzieht sich in Interaktionen. Die Art, wie die innere Welt organisiert wird, kann den Einfluss dieser Interaktionen zwischen dem Selbst und den anderen sehr detailliert aufzeigen, was keinesfalls die Einzigartigkeit der gegenwärtigen Natur des Individuums verleugnet. Die vielfältigen Eindrücke des Familienmusters auf das sich während der Adoleszenz entwickelnde Selbstgefühl des Individuums beraubt den Jugendlichen nicht seiner Individualität, selbst wenn er durch ernsthafte seelische Zusammenbrüche hindurchgehen muss, um einige dieser eingeprägten Familienspuren zum Ausdruck zu bringen und sich von ihnen zu befreien.

Übersetzung: D. Behrens / D. Bürgin

Literatur

Boszormenyi-Nagy, I. and Spark, G.M.: Invisible Loyalties. Harper and Row, New York, 1973.

Dare, C.: Individual and Family psychotherapy in Anorexia Nervosa. Unpublished paper presented at the International Association for Child and Adolescent Psychiatry and Allied Professions. Dublin, July, 1982a.

Dare, C.: Family Therapie for families containing an anorectic youngster. In: Understanding Anorexia Nervosa and Bulimia: report of the Fourth Ross Conference on Medical Research. Ross Laboratories, Columbus, Ohio, 1983.

Dare, C. and Dare, S.A.: Insight and change in self-starving people. Unpublished paper presented at the Institute of Group Analysis Day Conference on Eating Disorders. Bedford College, London, July, 1982.

Dare, C. and Holder, A.: Developmental aspects of the interaction between narcissism, self-esteem and object relations. Int. J. Psycho-Analysis 62: 323–337, 1981.

Freud, A.: Normality and Pathology in Childhood. Hogarth Press, London, 1965.

Kernberg, O.: Internal World and External Reality. Jason Aronson, New York, 1980.

Khan, M.: The Privacy of the Self. Hogarth Press, London, 1979.

Jacobson, E.: The Self and the Object World. International Universities Press, New York, 1964.

Minuchin, S., Baker, L., Rosman, B.L., Liebman, R., Milman, L. and Todd, T.C.: A conceptual model of psycho-somatic illness in children: Family organisation and family therapy. In: Howell, J.G. (Ed.): Advances in Family Psychiatry. International Universities Press, New York, 1979.

Minuchin S., Rosman, B.L. and Baker, L.: Psycho-somatic Families. Howard University Press, Cambridge, 1978.

Pincus, L. and Dare, C.: Secrets in the Family. Faber and Faber, London, 1978.

Russell, G., Szmukler, G., Dare, C. and Eisler, I.: An evaluation of family therapy in anorexia nervosa and bulimia nervosa. Submitted for publication, 1987.

Searles, H.: The effort to drive the other person crazy – an element in the aetiology and psychotherapy of schizophrenia. Chap. 8. In: Collected Papers in Schizophrenia and Related Subjects. Hogarth Press, London, 1965.

Spitz, R.: No and Yes. International Universities Press, New York, 1957.

Stierlin, H.: The Adaptation to the «stronger» persons reality. Chap. 3. In: Psychoanalysis and Family Therapy. Jason Aronson, New York, 1959.

Thoma, H.: Anorexia Nervosa. International Universities Press, New York, 1967.

Einleitung zum Beitrag von B. Buddeberg

D. Bürgin

Ein System besteht aus Elementen, die eine ausgeprägte Interdependenz untereinander haben und gerade dadurch zu einer Einheit mit eigener Identität werden. Die Familie ist ein offenes System, wie alle Systeme mit lebendigen Elementen. Die Systemtheorie als eine Metatheorie versucht die Strukturen, Kräftezentren, Abgrenzungen, Beziehungen und Hierarchien zwischen den Elementen in einer eigenen, abstrahierten Sprache zu definieren. Auch Systemelemente (wie z.B. einzelne Menschen) sind innerlich wiederum wie ein System aufgebaut, eine Sicht, die in der psychoanalytischen Metapsychologie stets enthalten war und ist.

Die Beziehungen zwischen Adoleszenten und ihren Eltern können als eine intersystemische Interaktion zwischen einem evolutiven, sich modifizierenden und differenzierenden Subsystem (Kinder, die sich zu Jugendlichen und später zu Erwachsenen entwickeln) und einem Rahmen bildenden, Konstanz und Erfahrung vermittelnden Subsystem (Eltern als Erwachsene), verstanden werden (Fivaz, E., 1984). Je grösser die Unterschiedlichkeit zwischen evolutivem und stabilem Teil ist, desto massiver werden die Spannungen und Konflikte, die krisenhaft auftreten und auch ehemalige Krisen der Eltern reaktivieren, desto paradoxer wird das Verhalten und desto bedeutsamer im weiteren, dass das Rahmensystem, in flexibler und ihm eigener Weise, seine hierarchisch übergeordnete Position und damit auch seine Grundstabilität behält. Sind die Grenzen eines Systems (z.B. einer Familie) nach aussen angemessen durchlässig, so kann sich das System zur Konfliktbewältigung erweitern (z.B. mittels Einbezug von Gleichaltrigen durch eines oder beide Subsysteme), also äussere Ressourcen verwenden. Sehr abgeschlossene Systeme haben es schwieriger, Übergangszeiten zwischen zwei Entwicklungsphasen, welche die Form familiärer Reifungskrisen annehmen, in kreativer Wandlung zu bestehen. Man wird dort tiefergehenden und komplexeren Beziehungskrisen begegnen. Wechselseitige, oft schwer erkennbare Doppelbindungen dienen vielfach der Erhaltung von fixierten Abständen und damit der Gewährleistung eines Optimums an Befriedigung und Sicherheit. Der Therapeut wird bei dieser Sachlage schnell in das scheinbare Labyrinth einbezogen, bekommt Angst, grenzt sich gleich rigide ab und wird danach von der Familie innerlich ausgestossen, d.h. entwertet, oder nach aussen ausgestossen, d.h. die Beziehung zu ihm, und damit die Therapie, wird abgebrochen (Bauriedl, Th., 1982). Als Teilnehmer an einem Entwicklungsprozess muss die Aufgabe eines Therapeuten – gerade auch mit sehr dysfunktionalen Familien – unter anderem zuerst darin bestehen, die gemeinsame Abwehr zu erkennen. Dann sollte er versuchen, sie zu modifizieren oder aufzugeben, und damit die Familie ermutigen, ihre Grenzen vorsichtig zu öffnen. Hat er sich aber von seiner Familie nur unvollständig gelöst, ist er, ohne dies zu merken, von einem kindlichen zu einem professionellen Vermittler geworden, so wird er Mühe haben, seine eigene familiäre Übertragung nicht unversehens in seiner therapeutischen Aktivität zu agieren.

Barbara Buddeberg-Fischer weist in ihrem Beitrag darauf hin, wie früher im Bereich der Kinder- und Jugendpsychiatrie eine Neigung bestand, Eltern erst als Pathologie-Verursacher, dann als Pathologie-Opfer zu sehen, und wie erst hierauf, im dialogisch-zirkulären Konzeptualisationsansatz, der übergreifende Gesichtspunkt zu Tage trat, dass jedes Familienmitglied in einem gewissen Ausmass sowohl Verursacher wie Opfer von Beziehungsstörungen ist. Sie macht, sehr zu Recht, darauf aufmerksam, dass auch die Familie ein Organismus ist, der sich in Phasen entwickelt, so dass man, in Analogie zum individuellen Lebenszyklus, von einem Familienentwicklungszyklus sprechen kann. Die Übergangszeiten zwischen zwei Phasen sind solche, in denen die Familie besonders verletzlich sowie das Gleichgewicht labiler als üblich ist und es deshalb häufiger als sonst zu familiären Reifungskrisen kommt. Eine neue Phase ist durch frische Regelsysteme, geänderte Interaktions- und Kommunikationsformen, ein neues familiäres Phantasiesystem und die Unmöglichkeit, das Rad der Entwicklung rückwärts laufen zu lassen, gekennzeichnet. Von fünf genannten Phasen (Paarbildung, Familiengründung, Ablösung, leeres Nest, Altersehe) wird diese der Ablösung, die durch Konflikte zwischen einer vergangenheits- und einer zukunftsorientierten Perspektive, zwischen Trennungsängsten und -wünschen und durch die allseitige Neudefinition der Identität gekennzeichnet ist, mit je einem klinischen Beispiel und der dabei verwendeten Technik (Vorwärts-Koppelung, Familienskulptur, Einzeltherapie mit begleitenden Familiengesprächen) hervorgehoben.

Bei vielen Familien, die wegen einer Beziehungskrise mit ihren adoleszenten Kindern um therapeutische Hilfe nachsuchen, besteht eine latente Angst davor, es würde «in der Familie herumgegrübelt». Die dazugehörige Vorstellung lautet etwa: «Wenn wir uns einlassen, so werden wir mit Anklagen konfrontiert; es werden Taten und Handlungen aufgedeckt, für welche wir schuldig erklärt werden.» Der Therapeut kann dieser Anfangsschwierigkeit vorbeugen und den Schuldabbau dadurch unterstützen, dass er z.B. den Familienmitgliedern deutlich macht, wie sehr er sie braucht, um die Dinge erklärt zu bekommen und sie verstehen zu lernen, und dass er durch die Suche, auf welche Weise die Familie frühere Schwierigkeiten meisterte, beim Wiederauffinden von bewährten Bewältigungsstrategien behilflich ist.

Der Einbezug von Grosseltern hat sich vor allem dann bewährt, wenn intrapsychische Probleme eines Elternteils nicht anders bearbeitet werden können oder die weniger problematische Beziehung zwischen Grosseltern und Enkeln als Katalysator einer Klärung der Beziehungsprobleme zwischen den Eltern und ihren jugendlichen Kindern genützt werden soll. Der Adoleszente als Symptomträger ist vom Kinder- und Jugendpsychiater immer als Patient zu akzeptieren. Dennoch ist es manchmal sinnvoll, schon wegen der Rivalitätsgefühle und der Eifersüchteleien zwischen den Geschwistern, zum Erstgespräch möglichst viele Mitglieder der Familie zu sehen, danach die detaillierte Abklärungsuntersuchung anzuschliessen und schliesslich, aus der jeweils spezifischen Situation heraus, den entsprechenden Therapievorschlag (Einzeltherapie, Familientherapie oder Kombinationsformen) zu unterbreiten.

Literatur

Bauriedl, Th.: Die Therapie von Kindern und Jugendlichen, verstanden als Teil einer psychoanalytischen Familientherapie. Vortrag an der Arbeitstagung der Akademie für Psychoanalyse und Psychotherapie in München, 1982.

Fivaz, E.: Approche systémique de l'adolescence. Schweiz. Archiv für Neurologie, Neurochirurgie und Psychiatrie 134/2: 229–239, 1984.

Die Adoleszenz als familiäre Reifungskrise

Barbara Buddeberg-Fischer

Die Beurteilung der Familie in ihrer Bedeutung für die Entwicklung und den Verlauf kinder- und jugendpsychiatrischer Störungen hat sich in den letzten Jahrzehnten deutlich gewandelt. In den 30er und 40er Jahren suchten Spitz (1972), Winnicott (1974) und Mahler (1978) vor allem nach *familiären Ursachen* kindlicher Entwicklungsstörungen. In mangelnder, inadäquater oder fehlender mütterlicher Fürsorge sahen sie einen Hauptgrund für die Entstehung psychischer Störungen. Damit wurde der Mutter eine ausschlaggebende Rolle für das psychische Wohlergehen des Kindes zugeschrieben. Der Vater blieb in dieser ersten Phase von Familienbeobachtungen weitgehend unbeachtet.

Die mutterzentrierte Verursacherperspektive trat in den 50er und 60er Jahren zumindest in der Kinder- und Jugendpsychiatrie etwas in den Hintergrund. Mit der Beschreibung des «frühkindlichen Hirnschadens» (Lempp, 1970) bzw. des «infantilen psychoorganischen Syndroms» (Corboz, 1966) wurde die Aufmerksamkeit auf die Bedeutung organischer Faktoren für die Entwicklung kinderpsychiatrischer Krankheitsbilder gelenkt. Diese biologische Perspektive hat wesentlich dazu beigetragen, die Eltern psychisch kranker Kinder nicht nur als Verursacher, sondern auch als weitgehend *«unschuldige Opfer»* der schicksalhaften Erkrankungen ihrer Kinder zu sehen. Die therapeutischen Bemühungen in dieser zweiten Phase zielten vor allem auf eine Entlastung der Eltern von Schuldgefühlen und auf ihre Unterstützung durch konkrete Erziehungsberatung.

Seit den 70er Jahren hat in der Kinder- und Jugendpsychiatrie ebenso wie in anderen Wissenschaftsbereichen das systemische Denken (Lenk und Rohpohl, 1978) zunehmende Bedeutung gewonnen. In dieser Perspektive wird die Familie als System betrachtet, dessen Entwicklung durch vielfältige Wechselwirkungen zwischen den einzelnen Familienmitgliedern und sogenannte Rückkoppelungsprozesse beeinflusst wird. Eine grundlegende Annahme dieser Perspektive liegt darin, dass eine Unterscheidung von Verursachern und Opfern familiärer Störungen nicht möglich ist, da die einzelnen Familienmitglieder, d.h. sowohl Eltern als auch Kinder, zugleich Verursachende und Betroffene sind. In dieser Perspektive interessieren vor allem die *familiären Interaktionsmuster*, welche mit bzw. ohne Symptombildungen einzelner Familienmitglieder einhergehen. Im folgenden Beitrag sollen die Entwicklungsvorgänge in der Adoleszenz unter systemischen und psychodynamischen Gesichtspunkten betrachtet und veranschaulicht werden.

Entwicklung familiärer Systeme und familiärer Reifungskrisen

Untersuchungen über die Entwicklung familiärer Systeme haben gezeigt, dass diese Entwicklung nicht kontinuierlich, sondern in Phasen verläuft (Olson et al., 1983). Auf die *Phase der Paarbildung* vor und in der ersten Zeit nach der Eheschliessung folgt die *Phase der Familiengründung*, in welcher sich durch die Geburt von Kindern die Zweierbeziehung zu einem familiären System erweitert. Der Eintritt der Kinder in den Kindergarten und die Schule kennzeichnet Zwischenetappen der familiären Entwicklung bis zur *Ablösungsphase in den mittleren Jahren.* Als *Phase des «leeren Nests»* wird die Zeit nach dem Auszug der Kinder bis zum Ausscheiden aus dem Berufsleben bezeichnet. Der familiäre Lebenszyklus schliesst mit der *Phase der Altersehe,* in welcher die beiden Partner noch einmal intensiv aufeinander bezogen sind. Die zeitliche Dauer der einzelnen Phasen ist von Familie zu Familie verschieden. Es würde an dieser Stelle zu weit führen, auf die typischen Anforderungen und Belastungen der genannten familiären Lebensphasen im einzelnen einzugehen. Besonders schwierig und kritisch sind die Übergangszeiten zwischen zwei Phasen, welche in der Entwicklungspsychologie als *familiäre Reifungskrisen* bezeichnet werden. Diese Krisen sind durch folgende Merkmale gekennzeichnet (Buddeberg und Buddeberg-Fischer, 1986):

- Sie sind sogenannte Points of no return, d.h. der vorangegangene Zustand ist nicht wiederherstellbar. (Offenkundig bei Geburt und Tod eines Familienmitglieds)
- Für das familiäre Zusammenleben müssen neue Regeln aufgestellt und neue Beziehungsmuster erprobt werden.
- Für alle Familienmitglieder besteht die Notwendigkeit zu handeln und Stellung zu beziehen.
- Einschränkungen und Verzichte müssen akzeptiert und in wichtigen Fragen müssen Kompromisse gefunden werden.
- Häufig erhalten die Familienmitglieder für ihre Anstrengungen keine unmittelbare Anerkennung, weder wechselseitig noch von aussen (ganz besonders in der Adoleszenz).

Im folgenden sollen am Beispiel der Ablösungsphase die Konfliktdynamik und Bewältigungsmöglichkeiten einer familiären Reifungskrise dargestellt werden. Da Familienbeziehungen sich ständig wandeln, besteht grundsätzlich jederzeit die Möglichkeit, aus dem Zustand eines relativen Gleichgewichts in den eines Ungleichgewichts und damit einer Krise zu geraten. Eine Krise ist also nichts Aussergewöhnliches, sondern kann jeder Familie zustossen. Familien, die um therapeutische Unterstützung nachsuchen, befinden sich sowohl in normalen als auch in aussergewöhnlichen Krisen. Ausgelöst werden Krisen vor allem durch ein Fehlen von Ressourcen, durch mangelnde Adaptationsfähigkeit oder inadäquate Adaptationsleistungen innerhalb des familiären Systems. Zu diesen systemimmanenten Faktoren können weitere psychodynamische Probleme hinzutreten. Aus meiner Erfahrung zeigen sich in Familien mit Adoleszenten häufig folgende drei Problembereiche:

1. Ein Konflikt zwischen einer vergangenheitsorientierten Perspektive der Eltern und einer zukunftsorientierten Sicht der Jugendlichen.
2. Ein Konflikt zwischen Trennungsängsten und Trennungswünschen, die wechselseitig von Eltern und Jugendlichen bewältigt werden müssen.
3. Eine Identitätssuche besonders des Jugendlichen, aber auch seiner älter werdenden Eltern.

Vergangenheits- versus zukunftsorientierte Perspektive

Um den Problembereich der *unterschiedlichen zeitlichen Perspektive* zu veranschaulichen, möchte ich ein kurzes Fallbeispiel aus meiner Praxis schildern: Eine

Familie, beide Eltern Mitte 40, mit einer 17jährigen Tochter Regula und einem 15jährigen Sohn Philipp, meldet sich wegen einer anorektischen Symptomatik von Regula, die sich innerhalb der letzten 12 Monate entwickelt hat. Beide Eltern arbeiten in sozialen Berufen, der Vater ist vollamtlich, die Mutter teilzeitlich tätig. Regula litt während der ganzen Schulzeit unter den Auswirkungen einer schweren Legasthenie und besucht jetzt ein Berufswahlschuljahr. Philipp geht problemlos ins Gymnasium. Die Familie lebt seit 3 Jahren in einem Bauernhaus mit grossem Garten und Wald und unterhält noch eine kleinere Schafzucht. Die natur- und umweltbewusste Lebensphilosophie der Eltern, die einerseits auf weitgehende Autonomie im alltäglichen Leben ausgerichtet ist, zielt andererseits auf eine intensive Mitarbeit der Kinder im Familienbetrieb. Die Eltern entschlossen sich zu einem Zeitpunkt, als die Kinder bereits in der frühen Adoleszenz standen, zum Aufbau dieses bäuerlichen Betriebs. Die Verwirklichung eines alternativen Lebensstils diente ihnen als Kompensation für eine erstrebte, bereits auf Gymnasialniveau gescheiterte akademische Berufslaufbahn. Philipp übernahm den Auftrag, die unerfüllten beruflichen Karrierewünsche seiner Eltern zu verwirklichen. Regula, die in der Schule schwächer war, engagierte sich mehr für das Familienanwesen. Sie erledigte sogar noch die ihrem Bruder übertragenen Aufgaben, damit dieser besser lernen konnte. Als Regula am Ende ihrer Schulzeit vor der Frage stand, sich für einen Beruf zu entscheiden, traten bei ihr die typischen Symptome einer Anorexie auf. Zum Zeitpunkt des Behandlungsbeginns arbeitete sie auf dem elterlichen Bauernhof und ermöglichte so ihren Eltern, einer ausserfamiliären Berufstätigkeit nachzugehen.

Wenn wir diesen Fallbericht unter dem Problembereich unterschiedlicher zeitlicher Perspektiven betrachten, wird folgendes deutlich: Die Eltern versuchen, ihr intellektuelles Versagen in der Vergangenheit dadurch zu bewältigen, dass sie gleichzeitig in zwei Welten leben, einer bürgerlichen Berufs- und einer alternativen bäuerlichen Familienwelt. Da sie dies nicht aus eigener Kraft erreichen, verpflichten sie ihre Kinder in einer Weise für das bäuerliche Familienleben und die unerfüllten Karrierewünsche, dass die Kinder keinen altersentsprechenden Freizeitkontakten nachgehen können. Regula übernimmt in der Familie die Rolle des «Aschenbrödels» (wie schon beide Eltern in ihren Herkunftsfamilien), während Philipp den Auftrag zur akademischen Karriere übertragen erhält. Die Symptombildung der Anorexie zu einem Zeitpunkt, als Regula gezwungenermassen in ihre eigene berufliche Zukunft blicken muss, ist für die Familie ein Signal, ihre familiäre Organisation neu zu überdenken.

In den Familientherapiesitzungen ermutige ich die Familie dazu, sich ihre Situation in der Zukunft zum Zeitpunkt vorzustellen, da Regula ihre Lehre abgeschlossen und Philipp das Abitur bestanden habe (Technik des «Feed-Forward» – Vorwärts-Koppelung nach P. Penn, 1986). Fragen nach der Zukunft, verbunden mit positiver Bewertung des Erreichten, versetzen die Familie in eine Metaposition bezüglich ihres Konflikts und sind in dem Masse veränderungswirksam, wie sie neue Lösungswege für alte Probleme eröffnen. Die Familie konnte im Verlauf der Familientherapie Philipp aus seiner Kronprinzen- und Regula aus ihrer Aschenbrödelrolle dadurch entlassen, dass die Eltern ihren landwirtschaftlichen Betrieb so weit verkleinerten, dass sie in der Lage waren, die Arbeiten zu Hause selbst zu erledigen. Parallel zu dieser Veränderung begann Regula wieder normal zu essen, nahm an Gewicht zu und suchte sich aus eigenem Antrieb eine anspruchsvolle Lehrstelle.

Trennungsängste und Trennungswünsche

Einer zweiten häufigen Problemkonstellation begegnen wir in der *Bewältigung von Trennungsängsten* in der Familie. Wie wir wissen, spielt in dysfunktionalen Familien die Unfähigkeit, Nähe und Distanz entsprechend der jeweiligen Entwicklungsphase zu regulieren, eine für das Auftreten von Symptomen wichtige Rolle. Unverarbeitete Verlusterlebnisse und Trennungsängste sind in der Phase der Paarbildung ein häufiges unbewusstes Motiv für die Partnerwahl. In den ersten Jahren nach der Familiengründung bieten solche Familien nach aussen hin ein unauffälliges Bild. Sie geraten in der Regel erst dann in eine Krise, wenn sich in der Adoleszenz zwischen den Trennungsängsten der Eltern und den altersadäquaten Trennungswünschen der Kinder ein Spannungsfeld entwickelt. Häufig wird dann über eine Symptombildung eine Konfliktneutralisierung und damit eine vorübergehende Entspannung gesucht. Mit den Symptomen agieren die Kinder indirekt ihre aggressiven Gefühle gegenüber den Eltern nach dem Motto: Wenn ihr uns schon nicht loslasst, dann sollt ihr euch wenigstens total um uns kümmern. Für den Jugendlichen bringt ein Symptom aber auch intrapsychisch zunächst eine Entlastung. Da jedoch längerdauernde oder sich verstärkende Symptombildungen mit der Zeit ihren Neutralisierungseffekt verlieren, stehen die Familie und der Jugendliche vor der Notwendigkeit, neue Lösungsmöglichkeiten für ihren gemeinsamen Grundkonflikt zu suchen. Eine solche Situation gibt nicht selten den Anstoss, sich an einen Psychotherapeuten zu wenden.

Zur Verdeutlichung dieser Gedanken möchte ich zwei Bilder aus einer Familienskulptur-Sitzung mit einem Lehrerehepaar und seinen 14jährigen Zwillingskindern skizzieren: Die Familie meldete sich zur Therapie, weil Franziska seit einem halben Jahr unter phobischen und Zwangssymptomen litt. Während der Abklärungsphase stellten sich die Eltern und ihr Zwillingsbruder David völlig problemlos dar, so dass ich eine Einzeltherapie mit Franziska begann. Schon nach wenigen Wochen signalisierte mir das Mädchen durch eine massive Symptomeskalation, welche die ganze Familie lahmlegte, dass ich therapeutisch am falschen Ort angesetzt hatte. Mir wurde deutlich, dass ihre Zwangssymptome vorwiegend dazu dienten, sich den vom Vater ausgehenden Wünschen nach intensiver Nähe in der Familie zu entziehen. Diese Überlegung veranlasste mich, parallel zur Einzeltherapie Familiengespräche durchzuführen. In der dritten Familiensitzung forderte ich jedes Familienmitglied auf, als «Künstler» eine Plastik der Familie zu gestalten (nach V. Satir). Der Vater legte alle vier Familienmitglieder sternförmig flach auf den Boden, wobei er als Gegenüber Franziska wählte und seiner Frau den Sohn als gegenüberliegenden Partner zuteilte. Die Hände aller vier Personen wurden in der Mitte schichtweise zu einem Berg aufgetürmt. Franziska gestaltete ihre Skulptur in der Weise, dass sie ihren Bruder und Vater in Hockstellung links und rechts neben die ebenfalls in Hockstellung plazierte Mutter gruppierte. Sie selbst setzte sich in der gleichen Körperhaltung mit nach vorn gerichtetem Blick und einigem Abstand vor die anderen Familienmitglieder. Ihre Arme richtete sie jedoch nicht nach vorn, sondern nach hinten, so dass sie mit den Händen gerade noch die Knie ihrer Mutter berühren konnte.

In der Nachbesprechung mit der Familie äusserte der Vater, dass es das Schlimmste für ihn gewesen wäre, wenn sich ein Familienmitglied völlig vom übrigen Verband abgelöst dargestellt hätte. Er wurde sehr nachdenklich, als Franziska ihm sagte, dass sie sich in seiner Skulptur durch die intensive Nähe und Verklammerung eingeengt und unwohl gefühlt habe. Daraufhin verstand er die Botschaft von Franziskas Skulptur: der Wunsch, sich von der Familie zu lösen, ohne den Kontakt mit ihr zu verlieren. Dieses gemeinsame Familienskulptur-Erlebnis brachte in den folgenden Wochen grosse Bewegung in die familiären Beziehungen. Je weniger die Eltern die Schritte der Kinder kontrollierten, desto freier, aber auch intensiver wurden die Beziehungen der beiden Generationen zueinander. Die Familiensitzungen, die anfänglich mühsam und steril waren, wurden mit der Veränderung der Familienatmosphäre viel lebendiger und emotionaler.

In der parallel zur Familientherapie weitergeführten Einzeltherapie entwickelte Franziska auf mich eine ausgeprägte negative Elternübertragung. Wahrscheinlich war diese negative Übertragung für Franziska eine Hilfe, ihre bis dahin abgewehrten aggressiven Impulse ihren Eltern gegenüber erstmals wahrzunehmen. Die Verschiebung der negativen Gefühle von den Eltern auf die Therapeutin machte es ihr leichter, sich von den als positiv phantasierten Eltern schrittweise ohne allzu grosse Schuldgefühle abzulösen.

Dieses Fallbeispiel zeigt recht anschaulich, wie sich die Familie bis in die Adoleszenz der Zwillinge um die gemeinsame Abwehr von Trennungsängsten konstelliert hatte. Zusätzlich zu den Verlustängsten der Eltern spielten in der Familie auch Trennungs- und Ablösungsängste zwischen den Zwillingen eine grosse Rolle. Dank der Schrittmacherdienste einer Symptomträgerin konnte die Familie im Verlauf der Therapie eine Korrektur ihrer Familienorganisation vornehmen.

Identitätssuche der Jugendlichen und Eltern

Der dritte Problembereich tritt mehrheitlich bei Familien auf, deren Kinder sich bereits in der Spätadoleszenz befinden. Im Unterschied zu den beiden ersten Fallberichten, in denen der *Beziehungsaspekt innerhalb der Familie* im Mittelpunkt stand, möchte ich jetzt das Augenmerk auf die *individuellen Aufgaben* der einzelnen Familienmitglieder lenken. In der Spätadoleszenz muss der Jugendliche seine eigene Identität finden. Dabei internalisiert er Aspekte des Elternideals, welches er jedoch entsprechend seinen Vorstellungen teilweise verändert und korrigiert. Auch für die Eltern besteht die Notwendigkeit, sich als zurückgelassenes Paar eine neue Identität zu schaffen. In Familien mit traditioneller Familienstruktur (Buddeberg und Buddeberg-Fischer, 1986) kommt für die Mutter häufig noch die Aufgabe hinzu, sich beruflich neu zu orientieren. Während die Eltern in den vorausgegangenen Jahren den Blick eher aufs Hier und Jetzt und die Vergangenheit gerichtet haben, müssen sie sich jetzt ganz ähnlich wie der Jugendliche mehr in die Zukunft orientieren, wenn auch in einer anderen Weise. Während der Adoleszente das Gefühl hat, die ganze Welt stehe ihm offen, richten sich die Überlegungen der Eltern in den mittleren Jahren eher darauf, was jetzt noch möglich ist.

Im folgenden möchte ich anhand der Schilderung eines Therapieverlaufs bei einem 18jährigen Mädchen berichten, wie sich die Einzeltherapie auf das Familiensystem auswirkte und wie Veränderungen innerhalb der Familie die individuelle Entwicklung des Mädchens begünstigten. Claudine meldete sich bei mir auf Anraten ihrer Dermatologin, die sie seit ihrer Kindheit wegen einer Neurodermatitis behandelte. In den letzten zwei Jahren hatte sich die Hautsymptomatik deutlich verschlechtert. Das Mädchen litt unter unerträglichem Juckreiz, so dass sie nur mit Beruhigungsmitteln schlafen konnte und bei der Arbeit als Büroangestellte in ihrer Leistungsfähigkeit sehr eingeschränkt war. Die Anlage zur atopischen Dermatitis hatte Claudine in der dritten Generation von ihrer Mutter geerbt. Die Verwandten waren aber nie so stark davon betroffen gewesen. Zur Familiensituation erfuhr ich folgendes: Die Eltern hatten mit grossen Anstrengungen und Entbehrungen einen eigenen kleinen Schlossereibetrieb aufgebaut. Die Familie lebte in einer sehr kleinen Dreizimmerwohnung, wobei Claudine das Zimmer mit ihrem um zwei Jahre jüngeren Bruder teilen musste. Wegen der beengten Wohnverhältnisse hatte kein Familienmitglied einen eigenen, abgegrenzten Privatbereich. Ausserdem wurden Auseinandersetzungen untereinander schon im Ansatz vermieden. Die Familie stellte sich mir im Erstgespräch als ausgesprochen rücksichts- und verständnisvoll dar.

In den Einzeltherapiesitzungen mit Claudine wurde deutlich, dass auf Grund der speziellen Familiensituation die in der Pubertät notwendige Auflehnung gegen ihre Eltern ausgeblieben war. Statt die Mutter zu entidealisieren, hatte sich Claudine mit ihr überidentifiziert. Die ohnehin kaum respektierten Persönlichkeitsgrenzen wurden dadurch noch mehr verwischt. Im Verlauf der Therapie begann das Mädchen ihre Wut auf die Mutter, die ihr eine so entstellende Krankheit vererbt hatte, wahrzunehmen. Claudine erkannte, dass sie sich selbst kratzte, um ihre Aggressionen gegenüber ihrer Mutter unter Kontrolle zu halten. Als ihr dieser Zusammenhang bewusst geworden war, hörte der Juckreiz schlagartig auf und das Ekzem besserte sich weitgehend. Parallel zu den Abgrenzungsbemühungen gegenüber ihren Eltern traten in den folgenden Monaten Fragen nach ihrer beruflichen Zukunft und eine Neuorientierung in ihren Freizeitinteressen in den Vordergrund. Claudine gab ihre zeitraubende Tätigkeit als Leiterin einer Mädchengruppe auf und suchte in der Freizeit mehr lustbetonte Aktivitäten mit gleichaltrigen Kollegen. In diesem Punkt entfernte sie sich zunehmend von den Idealen der Eltern, die in der gemeinsamen Arbeit für das Geschäft und die Sorge um die Familie ihren Lebensinhalt sahen. Dank ihres weitgehend abgeheilten Ekzems hatte Claudine ein ganz neues Lebensgefühl. Sie wagte auch in ihren Aussenkontakten, eigene Interessen zu verfolgen, wobei sie sich vor Auseinandersetzungen oder Zurückweisungen nicht scheute.

Obwohl die Eltern zu Beginn der Therapie von Claudine grosse Bedenken äusserten, dass in ihrer Familie «herumgegrübelt» würde, reagierten sie auf die von Claudine induzierten Veränderungen sehr positiv. Vor allem die Mutter hinterfragte ihre bis dahin gültige Arbeits- und Lebensphilosophie und äusserte wieder mehr Wünsche als Frau gegenüber ihrem Mann. Andererseits entzog sie sich ihm teilweise als Geschäftspartnerin, indem sie ihm nur noch die Buchhaltung machte. Die jahrelang emotional verkümmerte Ehebeziehung erhielt so eine Chance zur Neugestaltung. Gleichzeitig begannen die Eltern in der Freizeit wieder mehr individuellen Interessen nachzugehen. Indem Claudine sich von den Werten und Normen ihrer Eltern teilweise distanzierte, konnte auch das Ehepaar für sich eine Korrektur seiner Lebensweise vornehmen.

Dieses Beispiel zeigt, wie flexible Familienbeziehungen eine Voraussetzung für eine kritische Distanzierung des Jugendlichen von seinen Eltern sind und gleichzeitig dem zurückbleibenden Elternpaar die Möglichkeit bieten, sich für die Phase des «leeren Nests» auf neue Wertvorstellungen ihrer Paarbeziehung zu besinnen.

Soweit diese drei Fallbeispiele, die aufzeigen sollten, wie Familien am Übergang zwischen zwei Lebensphasen Gefahr laufen, ausgehend von typischen Konfliktkonstellationen in aussergewöhnliche Krisen zu geraten. Allen drei genannten Problembereichen – den zeitlich unterschiedlichen Perspektiven, den Trennungsängsten und -wünschen sowie der Identitätssuche von Eltern und Jugendlichen – gemeinsam ist die Spannung zwischen zentripetalen und zentrifugalen Kräften innerhalb der Familie. Dieses Spannungsfeld existiert immer, wird aber in der Adoleszenz besonders akzentuiert.

Wenn eine Familie um therapeutische Hilfe nachsucht, ist es oft aufschlussreich, wie die früher zurückliegenden familiären Reifungskrisen gemeistert wurden. Gab es auch früher schon unüberwindbare Krisen, die Hilfe von aussen notwendig machten? Oder war die Familie bis jetzt in der Lage, genügend Ressourcen zu mobilisieren, um solche Krisen zu bewältigen? Die Beantwortung dieser Frage gibt uns einen Hinweis auf die Adaptationsfähigkeit und Flexibilität einer Familie.

Schwierigkeiten von Psychotherapeuten mit Adoleszentenfamilien

Meine Ausführungen beschränkten sich bisher auf die Wechselwirkungen zwischen Eltern und ihren sich ablösenden Kindern. Zum Abschluss möchte ich das Augenmerk auf die Interaktion zwischen Adoleszentenfamilien und uns Therapeuten lenken. Häufig hören wir von Schwierigkeiten im therapeutischen Umgang mit Jugendlichen. Die hohe Abbruchrate begonnener Abklärungen in dieser Altersgruppe (Schürmann, K., 1986) lässt ebenfalls darauf schliessen, dass sich nicht nur die Familie in einer Reifungskrise befindet, sondern auch die Therapeuten an Schwellensituationen ihrer therapeutischen Kompetenz gelangen.

Aus Ausbildungskursen und Selbsterfahrungsgruppen mit Kollegen habe ich den Eindruck gewonnen, dass künftige Psychotherapeuten in ihrer Herkunftsfamilie oft die Rolle des Vermittlers innehatten. Meist zeichnete sie schon in der Kindheit oder Jugendzeit eine besondere Sensibilität für emotionale Spannungen innerhalb ihrer Familie aus. Sie richteten ihr eigenes Verhalten danach aus, ein schwächeres Familienmitglied zu schützen oder Spannungen zwischen zwei Personen zu neutralisieren. Solange ein Kind innerhalb einer Familie die Rolle des Vermittlers ausübt, ist es noch nicht von dieser Familie abgelöst. Mir scheint, dass es unter Psychotherapeuten – um es überspitzt zu formulieren – nicht wenige gibt, die sich aus der Vermittlerrolle in ihren Herkunftsfamilien nur teilweise gelöst haben und mit ihrem Beruf eine Art professionelle Vermittlerrolle gewählt haben.

In unserer therapeutischen Arbeit laufen wir Gefahr, gleich wie in unseren Herkunftsfamilien, zwischen den Konfliktpartnern zu vermitteln, ohne ihnen die Chance zu geben, die Konflikte selbst zu lösen. Eine andere Gefahr für uns besteht in einseitigen Koalitionsbildungen in der Weise, dass wir uns mit dem Jugendlichen gegen seine Eltern verbünden oder uns in autoritärer Weise mit den Eltern gegen den Jugendlichen solidarisieren. Das übereifrige Festhalten an der Vermittlerrolle und das Ablehnen der Vermittlerrolle durch einseitige Parteinahme sind zwei Variationen von Therapeutenverhalten, die auf eine eigene ungelöste Ablösungsproblematik hinweisen können. Die manchmal recht schwierigen Therapien von Adoleszenten und ihren Familien werden uns umso eher gelingen, je weniger uns eigene ungelöste Ablösungskonflikte in unserer Arbeit behindern.

Literatur

Buddeberg, C. und Buddeberg-Fischer, B.: Eheideal und Familienrealität - die Zeit nach der Geburt als familiäre Reifungskrise, 1986, im Druck.

Corboz, R.J.: Les syndromes psycho-organiques de l'enfant et de l'adolescent. Psychiat. Enf. 9, 1, 1966.

Lempp, R.: Frühkindliche Hirnschädigung und Neurose. Huber, Bern/Stuttgart/Wien, 1970.

Lenk, H. und Ropohl, G.: Systemtheorie als Wissenschaftsprogramm. Athenäum, Königstein/Ts, 1978.

Mahler, M.S., Pine, F. und Bergman, A.: Die psychische Geburt des Menschen, Symbiose und Individuation. S. Fischer, Frankfurt, 1978.

Olson, D.H., Mc Cubbin M.J., Barnes, H.L., Larsen, A.S , Musen, M.J. and Wilson, M.A.: Families - What makes them work. Sage Publications, Beverly Hills/London/New Delhi, 1983.

Penn, P.: «Feed-Forward» - Vorwärts-Kuppelung: Zukunftsfragen, Zukunftspläne. Familiendynamik 3, 206-222, 1986.

Satir, V.: Familienbehandlung. Lambertus, Freiburg i.Br., 1973.

Schürmann, K.: Unvollständige kinder- und jugendpsychiatrische Untersuchungen. Z. Kinder-Jugendpsychiat. 14, 258-267, 1986.

Spitz, R.A.: Vom Säugling zum Kleinkind. Klett, Stuttgart, 1972.

Winnicott, D.W.: Reifungsprozesse und fördernde Umwelt. Kindler, München, 1974.

Sachregister